シリーズ〈日本語探究法〉小池清治=編集 1

現代日本語探究法

小池清治[著]

朝倉書店

––––– **編集のことば** –––––

　本シリーズは国語学・日本語学の分野で卒業論文を作成しようとする日本人学部学生および留学生，さらに，広く日本語を研究対象とする人々に対して，日本語に関する基礎的知識および最新の知識を提供するとともに，その探究方法についての指針を具体的事例研究を通して提示することを目的とし，大学・短期大学における国語学・日本語学の教科書および演習用のテキスト，または卒業論文作成指導の際の便を図るものとして編集しました。
　各事例は，基本的には次のように構成されています。
1. タイトル：日常の言語生活において疑問に感じる言語事象を，平易な疑問文の形で提示した。
2. 【　】：卒業論文作成の参考となるよう，研究ジャンル名を提示した。
3. キーワード：事例研究をするうえにおいて，重要な用語をキーワードとして提示した。
4. 本　　文：レポート，論文の書き方の一例として，事例研究を提示した。
5. 発展問題：演習やレポートの課題として利用されることを想定して，ヒントとなる類似の事例をいくつか例示した。
6. 参考文献：課題を学習するうえで基本となる文献を列挙した。これらの文献を参照し，それを端緒としてさらに拡大し，掘り下げられることを期待する。

小池清治

は じ め に

　明治維新期，昭和20年代に続き，21世紀に入った現在，現代日本語は第三の大変革期にある。国際化の波が日本語にも及んでいるからである。そのような時期に，現代日本語を探究し，よりよき日本語実現への指針を示そうとするのが本書の目的の一つである。

　本書の眼目は，言語事実の記述にあるのではない。15の事例研究を通して，言語探究の方法を体得してもらうことにある。

　現代日本語に限らず，言語に関しては多くの迷信がある。言語事実に眼をさらし，迷信に惑わされることのない，見識を体得するよう期待する。

　2001年9月

小 池 清 治

目　　次

第 1 章　「日本」は「にほん」か，「にっぽん」か？ ……………………… 1
　　　　　［音声言語と書記言語・名詞］

第 2 章　日本語に主語はないのか？ ……………………………………… 13
　　　　　［文法・構文論］

第 3 章　「栃木県に住む外国人」と「栃木県に住んでいる外国人」は同じか？ ……………………………………………………………………… 27
　　　　　［文法・動詞］

第 4 章　ラ抜き言葉が定着するのはなぜか？ …………………………… 32
　　　　　［文法・可能動詞］

第 5 章　「それでいいんじゃない？」はなぜ肯定になるのか？ ………… 43
　　　　　［文法・疑問文・存在詞］

第 6 章　なぜ，「安くておいしい店」と言い，「おいしくて安い店」とは言わないのか？ ………………………………………………………… 49
　　　　　［文法・形容詞］

第 7 章　「全然，OK。」は，全然許されないか？ ………………………… 59
　　　　　［文法・日本語の変遷・副詞］

第 8 章　「しかし」は論理に関する接続詞か？ …………………………… 71
　　　　　［文法・文学と語学・接続詞］

第9章　助動詞「た」は過去を表すか？ …………………………… 81
　　　　［文法・助動詞］

第10章　「ここが皇居です。」事実の初出にはガが用いられるのか？ ………… 89
　　　　［文法・助詞］

第11章　「わかりますか？」と「わかりますか。」はどちらが正しいか？ …… 96
　　　　［表記・助詞］

第12章　父親はいつから「オトウサン」になったのか？ …………………… 102
　　　　［共通語と方言・親族呼称］

第13章　夏目漱石はなぜ「夏目嗽石」と署名したのか？ …………………… 116
　　　　［文学と語学・レトリック］

第14章　「夜の底が白くなつた。」「夜」には「底」があるか？ …………… 128
　　　　［文学と語学・レトリック］

第15章　孤独な魂は擬人法を好むか？ ………………………………………… 136
　　　　［文学と語学・レトリック］

索　　引 ……………………………………………………………………… 145

第1章 「日本」は「にほん」か,「にっぽん」か?

【音声言語と書記言語・名詞】

キーワード:促音・撥音の表記法,言葉読み・文字読み

1. 問題点の整理

日常,私たちは「日本」を「にほん」と読んだり,「にっぽん」と読んだりしている。一体,どちらが国名としての「日本」の正しい読み方なのだろうか。また,そもそも,「日本」の読み方が二つあるのはなぜなのだろうか。二つの読み方は,どちらが古く,どちらが新しいのだろうか。

今日の代表的国語辞典『広辞苑』(岩波書店),『大辞林』(三省堂),『大辞泉』(小学館)の記述を確認してみよう。

『広辞苑』(第五版,岩波書店,1999)

にほん【日本】わが国の国号。神武天皇建国の地とする大和(やまと)を国号とし,「やまと」「おほやまと」といい,古く中国では「倭」と呼んだ。中国と修交した大化改新頃,東方すなわち日の本の意から<u>「日本」と書いて「やまと」とよみ,奈良時代以降,ニホン,ニッポンと音読するようになった。現在も,よみ方については法的根拠はないが,本辞典においては,特にニッポンとみならわしている場合以外はニホンとよませることにした。</u>

(以下略。波線は著者。以下同じ)

にっぽん【日本】<u>(古来ニッポン・ニホンと両様によまれる。ニッポンの方が古いが,本辞典では,特にニッポンとのみよむもの以外は,便宜上,ニホンとよむことにした)</u>

『大辞林』（第二版，三省堂，1995）

　にほん【日本】……〔古くは政権の所在地名「やまと」が日本の総称として用いられ，また，中国・朝鮮では「倭」と記していた。聖徳太子が隋に送った国書に「日出処天子」と記したのと同じ発想から「日本」を正式の国号としたのは大化頃と思われ，「やまと」「ひのもと」などと読まれていたが，奈良・平安時代になると音読されることが多くなり，「にほん」「にっぽん」の両様の発音が行われた。昭和初期，「にっぽん」に統一しようとする動きがあったが，法的に制定されることなく現在に至っている。本辞典では，検索の便宜上「にほん」として配列した。〕

『大辞泉』（小学館，1995）

　にほん【日本】◇古くは大和(やまと)地方を基盤とする大和政権によって国家統一がなされたところから「やまと」「おほやまと」と称したが，大化の改新のころ「日出づる処(ところ)」の意で日本(にほん)と称し，奈良時代以降これを音読して「ニッポン」または「ニホン」というようになった。古く，大八嶋国(おおやしまぐに)・葦原中国(あしはらのなかつくに)・葦原千五百秋瑞国(あしはらのちいほあきのみずほのくに)などの美称がある。明治二二年（1889）には「大日本帝国憲法」の制定により「大日本帝国(だいにっぽんていこく)」が国号として用いられ，昭和二一年（1946）には「日本国憲法」の公布により「日本国」が国号となったが，読み方は統一されていない。

　にっぽん【日本】◇「日本」が「ニホン」か「ニッポン」かについては決定的な説はない。「日」は漢音ジツ，呉音ニチで，ニチホンがニッポンに音変化し，発音の柔らかさを好むところからさらにニホンが生じたものか。ジパング・ジャパンなどはジッポンに基づくものであろう。国の呼称としては，昭和九年（1934）に臨時国語調査会（国語審議会の前身）が国号呼称統一案としてニッポンを決議したが，政府採択には至っていない。日本放送協会は昭和二六年に，正式の国号としてニッポンその他の場合はニホンといってもよいとした。日本銀行券（紙幣）や国際運動競技のユニホームのローマ字表記がNipponなのは，右の事情による。外務省では，英語による名称はジャパンJapanを用いている。なお本辞典では，両様に通用する語については，便宜上「にほん」の見出しのもとに集めた。

三書の記述を整理してみると，次のようになる。
① 「にほん」「にっぽん」の読みは，奈良時代以降行われている。
② 「にっぽん」は「にちほん」が変化してできもので，「にほん」はさらに，「にっぽん」が変化してできた。
③ 国号としては定まっておらず，法的根拠はない。

はたして，①は事実として確認できるのだろうか。②は言語現象として認められるのだろうか。「ニホン」の柔らかさが好まれたかという『大辞泉』の推測は認められるのだろうか。③が事実，すなわち，国号が定まっていないということが事実であるとしたならば，そのように肝心なこと，言葉を曖昧な状態にうち置く日本人の心性とは一体どういうものなのか考えてみよう。

2. 用例収集・資料収集

日本銀行券（紙幣）の裏側には『大辞泉』の記述にあるように，確かにNIPPON GINKOとローマ字書きされている。お金の価値を保証している銀行は「ニッポン銀行」であることがわかる。ところで，この紙幣も表面は「日本銀行」と漢字書きされているだけで，これからは「にほん銀行」なのか，「にっぽん銀行」なのか，さっぱりわからない。実は，現在の日本語では，紙幣の表面のように漢字書きされることが多く，「にほん」か「にっぽん」かの証拠となるものを集めようとすると意外に苦労することになる。

あいにくなことに，「にっぽん」と「にほん」は五十音順に並べた場合，相似た位置になるため，五十音順をたよりに見分けることも難しい。第一，配列する側が，「にほん」なのか「にっぽん」なのかに顧慮せず，前述の辞書のように「日本」で一括している可能性があるので，一層たよりにならない。

大学名で考えてみよう。

「日本大学」の英語名はNihon Universityで，「ニホン大学」であるようだが，略称は「ニチダイ」で，これは明らかに「にっぽん」に由来する。「日本女子大学」の英語名はJapan Women's Universityで，「にほん」か「にっぽん」か不明であるが，略称は「ポンジョ」であるから，これも「にっぽん」に由来する。通学している学生自身「にほん――」か「にっぽん――」か知らない。それで通っているのが日本なのだ。

このようなわけで，「にほん」「にっぽん」の確例を収集するのは，現在のものについてすら困難なのであるが，わずかに，振り仮名付きの資料だけがたよりになる。ここでは，『会社四季報』（東洋経済新報社，1999）に記載されている会社名で確認してみる。

にほん	にっぽん	
日本舗道	日本水産	日本ペイント
日本基礎技術	大日本土木	大日本インキ工業化学
日本工営	日本道路	日本バルカー工業
日本バイリーン	日本コムシス	大日本製薬
日本曹達	日本電設工業	日本ベーリンガーインゲル
日本エア・リキード	日本ハム	日本電気硝子
日本化薬	ネスレ日本	日本特殊陶業
日本油脂	日本毛織	
日本メナード化粧品	日本製紙	
日本グラクソ	日本酸素	
日本石油	日本ゼオン	
日本板硝子	大日本塗料	

科学的・統計学的観点をもってピックアップしたわけではない。『会社四季報』の最初の頁から出てくる順に振り分けたにすぎない。

この結果から，「にほん」より「にっぽん」の方がやや優勢，「大――」「新――」の場合は，「にっぽん」に限られるようだという傾向がうかがわれるなどといったところだろう。それ以外は「日本」の字面から，「にほん」か「にっぽん」かを見分ける指標を読み取ることができない。

3. 日本語史からのアプローチ

前掲辞書では，奈良時代以降，「ニホン」「ニッポン」が並び行われたと書かれているが，これは大いに疑わしい。なぜかというと，「ニッポン」の「ッ」（促音）が，仮名で書かれるようになるのは，鎌倉・室町時代以降であるからだ。発音としては，「ニホン」「ニッポン」が存在した可能性は否定できないが，これを仮名のレベルで区別する術を当時の人々は有していなかった。したがって，奈良時代以降，「ニホン」「ニッポン」が並び行われていたという言説には証拠がないので

3. 日本語史からのアプローチ

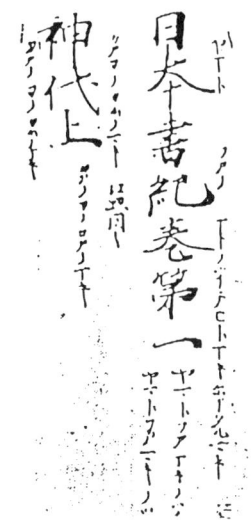
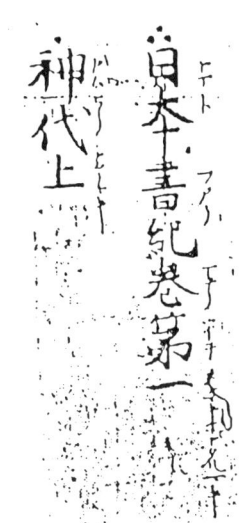

図1　兼方本（京都国立博物館蔵）　　図2　兼夏本（天理大学附属天理図書館蔵）

ある。辞書の記述が証拠なしということは首肯しがたいことである。
　鎌倉時代の『日本書紀』の訓点本を見てみよう。
　図1は，兼方本（卜部兼方書写本）と呼ばれるもので，弘安9年（1286）の奥書があるところから，弘安本ともいわれるものである。この本では，「日本」の右脇に「ヤマト」，「書紀」の右脇に「フミノ」，「巻第一」の右脇から下にかけて「マキノツイテヒトマキニイタルマキ」という片仮名が書かれている。
　図2は兼夏本（卜部兼夏書写本）と呼ばれるもので，乾元2年（1303）に書写されたものである。この本においても同様に，「日本」の右脇に「ヤマト」，「書紀」の右脇に「フミノ」，「巻第一」の右脇から下にかけて「マキノツイテヒトマキニイタルマキ」という片仮名が書かれている。これらは，管見に入る限りにおいて，振り仮名が記された最古の資料である。残念ながら，「ニホン」「ニッポン」の振り仮名を有する資料を鎌倉時代以前において見出すことができない[注1]。
　「ニホン」「ニッポン」という語形が確かに行われていたという証拠，しかも年月日付きの証拠は図3，図4である。
　図3は「天草版平家物語」と呼ばれるもので，イエズス会の監修のもと，天草学林において，1592年（M.D.L.XXXXII）に出版されたものである。図4は「天

第1章 「日本」は「にほん」か,「にっぽん」か?

図3　天草版平家物語

図4　天草版伊曽保物語

草版伊曽保物語」と呼ばれるもので,同じく1593年 (M.D.L.XXXXIII) に出版されたものである。図3の「NIFON」は「ニホン」に,図4の「Nippon」は「ニッポン」に相当するローマ字表記であることは疑いようがない。

　これで,16世紀の終わり頃,すわなち,織田信長や豊臣秀吉,徳川家康などが天下を争っていた頃,彼らは「ニホン一」か「ニッポン一」になろうとしていたことになると考えてよいということがわかったのである[注2]。

　16世紀の終わり頃には,「ニホン」「ニッポン」の語形があったのであるから,当然,それ以前にもあったに違いないという推測に基づいて,辞書の記述はなされたようであるが,これは根拠薄弱としなければならないだろう。

注1)『国史大辞典11巻』(吉川弘文館, 1997) による。
注2)『大英図書館蔵　天草版平家物語 (上)』(勉誠出版, 1997)。
　　『1593年イエズス会天草学林刊　大英博物館蔵　天草版伊曽保物語』(勉誠出版, 1976)。

4. 促音・撥音の表記法

ところで，促音や撥音はいつごろ仮名で書き表されるようになったのであろうか。

平安時代中期，10世紀末頃使用されたすべての音節（濁音節・拗音節を除く）を網羅したとされる「いろは歌」の47の仮名に「っ」や「ん」は存在しない。実は，促音・撥音は中国語の影響を受けて，平安時代以降に発生・発達したものであり，本来の日本語の音節ではなかったものなのである。

平安時代の和文では，促音・撥音は無表記という形で処理するほかなかった。ただし，撥音のほうは，やがて「ん」や「む」で表されるようになる。促音は無表記の状態が長かったが，室町時代には「つ」〔昭和21年（1946）以降は『現代仮名遣い』の規定により「っ」〕で表されるようになる。

また，「ぽ」のような半濁音を「ぽ」と書き表す習慣は室町時代末期以降のものである。

以上の事情を表の形でまとめてみる。

	漢字表記	仮名表記	音声言語
平安時代	日本	にほ にほん にほ にほん	ニッポン ニッポン ニホン ニホン
鎌倉時代	日本	にほん にほん	ニッポン ニホン
室町時代	日本	につほん にほん	ニッポン ニホン
室町時代末期	日本	につぽん にほん	ニッポン ニホン

仮名表記と音声言語が一対一の形で対応するようになるのは，室町時代，厳密には室町時代末期以降のことである。それ以前は，仮名表記は音声言語をそのまま反映しているとみなすことができないのである。

ということは，たとえ平安時代の和文に「にほん」という仮名表記があったと

しても，それが「ニホン」という音声言語を表そうとしたものだと断定できないということを意味する。先に，「ニホン」「ニッポン」が奈良時代以降並び行われたという辞書の記述に疑義を唱えたのはこういう理由からである。

5. 「言葉読み」と「文字読み」

ところで，訓点本では「日本」を「ヤマト」と読んでいた。これは，「日本」という文字を機械的に音声化したものではない。「日本」という表記が指し示す言葉は「やまと」であろうと判断して読んだものなのである。

私たちが読むという行為をする場合，実は，言葉を読む場合と字を読む場合とがあるのである。この二つの場合を区別する必要がある。これは，漢字を読む場合に限らず，仮名を読む場合でも同様である。

文　字	言葉読み	文字読み
a　大和	ヤマト	ダイワ
b　日本	ヤマト	ニチホン／ニッポン
c　にほ	ニッポン ニホン	ニホ ニホ
d　にほん	ニッポン ニホン	ニホン ニホン
e　につぽん	ニッポン	ニツポン

「日本(にほん)」という言葉は上表のdの下の段階で発生した。言い換えると，「日本(にっぽん)」という言葉を書き表した「にほん」という表記を，表記した人の意図を理解せずに文字読みしてできてしまった言葉なのである。誤読の結果生じた言葉が「日本(にほん)」なのである。

やや，混雑したのでまとめておく。

① 促音・撥音は日本語の本来の音節ではなかった。そのため，これらの音節を仮名のレベルで表記することは漢字表記「日本」の使用より遅れることになった。

② 撥音が「ん」と表記され，促音はまだ無表記という段階，すなわち，平安時代中期以降の段階では，「にほん」という表記は，「ニッポン」と「ニホン」と

いう二つの語形に対応しうるものであった。

　③　ただし，最初は，「日本」という言葉は成立していなかったから，「にほん」という表記は「日本」という言葉だけを意味するものであった。

　④　ところが，時が経つにしたがって，「にほん」を文字読みしていることに気付かず，言葉読みと誤解する人々が出てきた。これらの人々の頭の中に「日本」という言葉が発生してしまったのである。だから，『大辞泉』が可能性としてあげた，「柔らかさを好」んでという発生の理由は否定されることになる。

　アルファベットのような表音文字を書記言語として用いる言語においては，言葉読みと文字読みとを混同することはそれほど頻繁ではない。しかし，この場合においても誤読の恐れが皆無ということにはならない。いわゆる「綴字発音(つづりじはつおん)」といわれる現象がそれである。綴字に引かれて，存在しない言葉を生み出してしまう。例えば，「often」の「t」はサイレントであるが，これを発音してしまう現象などが起こるのである。

　漢字という表意文字を書記言語として採用している日本語においては，文字読みによる新語の発生の可能性は常時あるといって差し支えない。それだけに，言葉読み・文字読みの区別は重要である。

　本節の結論を言えば，「日本(にほん)」という語形は綴字発音・文字読みの結果生じた，特殊な言葉ということである。特殊ということは，次の節を読めばいっそうはっきりすることであろう。

6.　「にっぽん」が**法規的には正しい**――常用漢字表に「に」「ニ」の読みはない――

　「日」を「にっ」と読む例は，「日韓関係・日刊新聞・日記・日系・日光・日誌・日進月歩・日ソ・日中関係・日展・日当・日暮里」など例が多い。しかし，「日」と書いて，これを「に」と読む例は，「日本」の場合を除くと他に例を見ることができない。したがって，「日」を「に」と読むのは，「日本(にほん)」という言葉に限っての読み，すなわち，慣用読みである。現代日本語では，「日本」を「にほん」と読む場合，意識するとしないとにかかわらず，言葉読みをしていることになる。

　あえて繰り返す。「日本(にほん)」は非常に特殊な読み方である。なぜ，特殊になったかは，前節で述べたとおりの事情があったからである。

ところで，今日の日本で使用されている漢字の公用文における音訓を規定しているものに，「常用漢字表」というものがある。

　現在の常用漢字表は昭和56年（1981）に内閣告示されている。内閣告示は法規ではない。しかし，少なくとも公務員はこれに拘束される。法律・法規に準ずるものである。その常用漢字表により，「日」の音訓を確認すると次のようになっている。

　　　日　ニチ・ジツ
　　　　　ひ・か

「か」の読みは「三日」など特殊な場合の読みである。このように特殊なものまで読みとして認めていながら，「に」「ニ」の読みは掲げられていない。「に」「ニ」は「日」の正式な音訓ではないと判断される。

　この結果に照らして，「日本」を読めば，「にっぽん」になり，「にほん」にはなりえない。すくなくとも，公用文に記された「日本」の読みは「にっぽん」が正しい。

　1節で検討した辞書はいずれも，国号の場合「にほん」「にっぽん」のどちらにも法規的には決まっていない旨の記述をしているが正確ではない。間接的ではあるが，「常用漢字表」・内閣告示という法規に準ずる形で「にっぽん」と決められているのである。

■ 発展問題

(1) 山手線　　a＝やまのてせん　b＝やまてせん
　① 地域によるa・bの使用者数の相違について調査してみる。
　② 東京＞関東＞中部・東北＞近畿……のような分布でaの使用者数は減少すると推測される。
　③ 東京・関東で世代別の調査をする。世代が若くなるにしたがって，aの使用者数は減少すると推測される。
　④ 50年後には，bだけになる可能性がある。
　⑤ 「山手（やまのて）」は「下町（したまち）」に対する言葉であるが，「山手」の表記から「山手（やまて）」という言葉が発生してしまう。
　⑥ 他の地域の人の誤読によって作られてしまった地名はあるか。

⑦　「東京」は明治初年は「トウケイ」であった。なぜ，いつごろ，「トウキョウ」になったのだろうか。

(2)　人名の読み方
　　A　太安万侶・大伴家持・紀貫之・源義経・千利久
　　B　足利尊氏・織田信長・徳川家康・勝海舟・西郷隆盛
①　A・Bの相違について考えてみよう。
②　A・Bの相違は時代差によるが，言葉読み・文字読みの観点から考えると，どういうことが言えるだろうか。
③　なぜ，A・Bの相違がうまれたのだろうか。
④　現代人の氏名も場所によってAで読まれることがある。どんな場所だろうか。
⑤　文字読みでは考えにくい人名を探してみよう。
⑥　「宇都宮」と書いて「うつのみや」と読むのはなぜなのだろうか。

(3)　熟字訓(じゅくじくん)は言葉読みか文字読みか。
　　飛鳥(あすか)・田舎(いなか)・蝸牛(かたつむり)・五月雨(さみだれ)・相撲(すもう)・梅雨(つゆ)・長閑(のどか)・海苔(のり)・紅葉(もみじ)
　　煙草(タバコ)・煙管(キセル)・麦酒(ビール)・天鵞絨(ビロード)

(4)　「合点」「文字」の読み方について調べてみよう。

(5)　平安時代の和文では濁音符号が用いられていない。
①　予想される不便さはどのようなものか。
②　不便にもかかわらず，濁音符号が用いられなかった理由はなにか。
③　掛け言葉の実態を調査し，清音と濁音とが掛けてある例を調査してみよう。

(6)　長音・濁音の表記は，いつごろ，どのように決まったのだろうか。

(7)　促音・撥音・長音は特殊音素といわれる。どのような点で特殊なのか整理してみよう。
①　音声と音韻との観点
②　音節構成法の観点
③　表記法の観点

■ 参考文献

1) 吉田澄夫「室町時代以降における国号呼称」(橋本博士還暦記念会『国語学論集』(岩波書店, 1934)
2) 浜田　敦「ハ行の前の促音―P音の発生―」(「国語学16輯」, 1954)
3) 小松英雄『日本語の世界7　日本語の音韻』(中央公論社, 1981)
4) 柳田征司「にっぽん（日本）にほん（日本）」(『講座日本語の語彙　11　語誌Ⅲ』明治書院, 1983)
5) 佐藤喜代治編『国語学研究事典』(明治書院, 1977)
6) 国語学会編『国語学大辞典』(東京堂出版, 1980)
7) 金田一春彦・林　大・柴田　武編集責任『日本語百科大事典』(大修館書店, 1988)
8) 小池清治・小林賢次・細川英雄・犬飼　隆編『日本語学キーワード事典』(朝倉書店, 1997)

第2章　日本語に主語はないのか？

【文法・構文論】

キーワード：主語・主格・主題（題目語）・対象語

1. 川端康成『雪國』の冒頭部とその翻訳

　川端康成がノーベル文学賞を獲得した理由の一つに，優れた翻訳があったことは紛れもない事実である。残念なことに，日本語は世界の人々が自由に読みこなせるところまでは国際化していない。ところで，日本語で書かれた『雪國』と翻訳された『雪國』（英訳『Snow Country』）は同じ作品と言えるのであろうか。

　　國境の長いトンネルを抜けると雪國であつた。夜の底が白くなつた。
　　The train came out of the long tunnel into the snow country. The earth lay white under the night sky.

　　　　　　　　　　　　　　　　　（E. G. サイデンスティッカー訳, Tuttle, 1957）

　「夜の底」については，14章で論じるので，ここでは，ファーストセンテンスだけを問題とする。

　この文の主文には，いわゆる主語がない。すなわち，述語「雪國であった。」に対応する判断対象主を表す言葉が明示されていない。今，仮に補ってみれば，「そこは」であろうか。しかし，「そこは」という表現をこの文のどこに据えてみても，落ち着かない。補うと補っただけ表現としては価値が下がる。言い換えると，日本語の表現としては，判断対象主に関する情報は，文脈から提供されれば十分で明示される必要はないということである。日本語では，英語のように，「It is fine.」のように，形式的主語を必要とはしない。

　ところで，これに対応する英語を見ると，主語が「The train」という形で明示され，かつ文頭に置かれている。「The train」に相当する日本語は原文のどこ

にもない。訳者，サイデンスティッカー（E. G. Seidensticer）は，「抜ける」の動作主を汽車と考え，これを主文の主語に据えたのであろう。「抜ける」の動作主は果たして汽車なのだろうか。

　世に，「鉄道唱歌」（大和田建樹）と称される歌がある。

　　今は，山中　　今は，浜
　　今は，鉄橋渡るぞと
　　思ふ間もなく
　　トンネルの闇を通つて
　　広野原

（高取武編『歌でつづる鉄道百年』鉄道図書刊行会，1968）

「トンネルの闇を通」ったのは，もちろん物理的には汽車であるのだが，「思ふ間もなく」とあるのであるから，汽車ではなく，乗客（人間）である。日本語では，動作主（主語）が明示されていない場合，原則として，話し手・書き手が動作主（主語）となる。『雪國』のファーストセンテンスにおいても，これは適用される。すなわち，「國境の長いトンネルを抜ける」のは，語り手，この段階ではまだ示されていないが，「島村」なのである。したがって，「雪國であつた。」と判断したのは，「島村」である。

　また，原文の述語「雪國であつた。」は，翻訳文では，「into the snow country．」のように補語に格下げされている。

　表現方法の観点から述べると，原文の日本語は，語り手の心情や判断を叙述したものになっており，語り手の内面を語る表現になっている。これに対して，翻訳文の英文は，情景の客観的描写になっている。「語り」と「描写」とはまったく異なる表現である。このことは，ファーストセンテンスに限らず，会話文を除くと，全編にわたっている。言わば，原文の『雪國』は語り手の心象風景という心理小説であるのに対して，翻訳された『Snow Country』は映像的人間ドラマなのである。まったく，別の作品と言ってよいだろう。

　さて，このようなわけで，日本語においては，主語は文の不可欠な要素ではないのだが，さらに進めて，文法学者の三上章は，「日本には主語はない」とまで主張している。以下，日本語の主語について，どのような議論が展開されてきたのか概観してみよう。

2.「主語」の定義

文の成分の一つ。述語と対応し，述語の表す動作・作用・存在の主体，あるいは性質・状態・関係などの帰属する主体を表す成分。

a　<u>風が</u>　吹く。　　　　　（動詞文）
b　<u>風が</u>　涼しい。　　　　（形容詞文）
c　<u>風が</u>　爽やかだ。　　　（形容動詞文）
d　<u>風が</u>　ある。　　　　　（存在詞文）
e　<u>風が</u>　最大の脅威だ。　（名詞文）

a〜eの「風が」を「主語」という。「主語」は，一般に，体言および体言相当語句に格助詞「が」が付いた形で表される。「風は最大の脅威だ。」「雨も降る。」「<u>風まで</u>爽やかだ。」などのように，係助詞「は」や，副助詞「も・まで・さえ・すら」などが付く場合もある。また，「風の吹く日」の「風の」を主語とする説もある。話し言葉では，助詞はしばしば省略される。

このように，主語を定義すれば，日本語にも主語はあるという結論になる。ただし，すべての文に，このような主語が存在するわけではない。

3.「主語」に関する諸説

（1）Subject の訳語として形成された「主語」

大槻文彦(おおつきふみひこ)が『広日本文典』(1897年）において，近代的日本文法を構築して以来，「主語」は構文論の重要な要素として位置し続けた。

　　「花，咲く。志，堅し。」ナドイフニ…（中略）…「花，」又「志，」ハ，其作用ヲ起シ，又ハ，其性質ヲ呈スル主タル語ナレバ，主語（又ハ文主）ト称シ，「咲く，」又ハ，「堅し」ハ，其ノ主ノ作用性質ヲ説明スル語ナレバ，説明語ト称ス…（中略）

　　主語ト説明語トヲ具シタルハ，文ナリ。文ニハ，必ズ，主語ト説明語トアルヲ要ス。　　　　　　　　　　　　　　　　（『広日本文典』25頁）

大槻文法において，主語は文の必須要素であった。このような「文」と「主語」との関係をみれば，大槻文法が欧米文典の影響を色濃く受けたものであることは明白である。

日本語には，「二に二を足すと四になる。」「これで，放送を終わります。」のよ

うに，主語なしでも「文」となるものが多数ある。大槻はこれらについては，主語が省略されたものとしたのである。「既にして，略語を種々に補ふことを考へて，端緒を得て」（『広日本文典別記』「自跋」）という述懐は，欧米文典の枠組みで日本語の文法を構築することの無理を承知したものであることを明らかにしたものと考えられる。

（2）意味的関係としての「主格」という概念

大槻の無理を的確に指摘したのは山田孝雄（やまだよしお）であった。

> 主格とは何か。従来は之を文の主体なりといへり。然るに吾人の研究する所によれば，文は必ずしも主格述格の対立する形をとるものにあらずして，主格述格の区別を認むること能はざる形式の文も存するなり。この故に文の主体即ち主格なりといふことは事実の上に於いて普通性を有せず，又説明の上にも通ぜざる所あるなり。　　　　　　　　（『日本文法学概論』688頁）

山田は，「文主」としての「主語」（Subject）は日本語には不適当だと断言する。日本語においては，「主語」（山田のいう「主格」）は文の必須要素ではないのである。

そして，さらに次のように述べる。

> されば，主格といふものは実に体言が他の語，主として用言に対して実地に用ゐらるる場合の関係の一の範疇にして語の運用論の範囲に属すべきものたること明らかにして，句論の範囲に於いて説くべき性質のものにあらざるなり。　　　　　　　　　　　　　　　　　　　　　　　（同上，689頁）

「主格」は「運用論」（一種の「意味論」）の概念であり，「句論」（構文論）の概念ではないと断定する。

山田は，「主格」に立つ語を「主語」と名付けているので，山田文法においては，同義語のようなものであるが，その「主格」「主語」の概念規定は大槻のものとは大きく異なることになる。彼の「主格」は，体言と主として用言との意味的関係の一種なのである。

ところで，山田は，「主格」は「句論」（構文論）の問題ではないというのだが，では，「句論」においてはどうなるのか。確かに，日本語の「文」のなかには，「主格」（主語）のないものもあるのだが，逆に言えば，「風が吹く。」のように，「主格」（主語）があるものもある。この場合の「風が」は，「運用論」上，「主格」

であることは，山田のいうとおりであるが，「句論」ではどうなるのか。山田の所論でははっきりしない。ここに，山田文法の「主格」「主語」の論の不備があるように思われる。「主格」と「主語」は文法的なカテゴリーを異にする概念として規定すべきだったのではなかろうか。

(3) 文の成分としての「主語」

言語の単位を，談話(文章)・断句(文)・詞(文の成分)・原辞（形態素）の四段階とし，文の成分を構文論の単位として，画然と定位したのは松下大三郎であった。彼は，成分関係を，「主体関係…主語と叙述語」「客体関係…客体と帰着語」「実質関係…補語と形式語」「修用関係…修用語と被修用語」「連体関係…連体語と被連体語」の五種に分け，「主体関係」の定義を次のように下している。

> 或る事柄の観念が主体の概念とし作用の概念との二つに分解され再び同一意識内に統合された場合に，二者の関係を主体関係といふ。前者を表す成分を主語と云ひ，後者を表す成分を叙述語といふ。
> 花 咲く　月 出づ　山 高し　月 小なり　花が 咲く　月が 出る　山が 高い
> 月が 小い

の＝は主語であつて—に従属し，—は叙述語であつて＝を統率する。

(『改撰標準日本文法』635頁)

この定義は，山田の「主格」の定義にきわめて類似している。松下は，「詞」（文の成分）における関係を論じながら，実は，意味的関係（事柄と事柄との関係）を抽象的に観念的に把握し，論じているものと判断される。

松下文法の優れている点は，構文論の単位を「詞」として画然と立てたことなのであるが，その「主語」の定義を見ると，大槻のそれとはまったく異なる。松下は，「主語」を「叙述語」（大槻の「説明語」，いわゆる「述語」）に「従属」するものと記述している。これは，次に述べる「主語＝連用修飾語」説，「主語＝主格補充成分」説に近似した考え方であろう。松下の「主語」も「文主」(Subject)ではない。

なお，「主語」「主格」に関連する「主題」という概念を「題目語」という用語で，構文論に初めて導入したのも松下である。

4. 主語否定論
(1)「主語＝連用修飾語」説

　橋本進吉は「主語」を文の成分の一つにして構文論を構築しているが,「文主」としての「主語」を認めているわけではない。橋本は,「お寺の　鐘が　かすかに　鳴る。」の「鐘が」も「かすかに」も,「鳴る」の意味を「委しく定める」働きをしており,「主語」と「連用修飾語」との間には「根本的の相違があるとは考へない」(『改制 新文典別記 口語篇』230頁) と述べている。「主語」と「連用修飾語」とは本質的に変わらないが, 便宜的に「主語」を立てておくというのが, 橋本文法の「主語」の扱いである。

　時枝誠記は「主語格」を立てているが,「述語から抽出されたもの」(『日本文法 口語篇』266頁) という独特の把握法のもとに「主語」の「文主」性を否定している。

(2)「主語廃止論」

　結局のところ,「文主」としての「主語」(Subject) を立てて, 構文論を構築しているのは大槻文法, ただ一つであるのだが, 国語学会の大勢が「主語」を認めているかのような勢いで,「主語廃止論」を提唱したのは三上章であった。

> 　陳述を決定する述語は, 定動詞 (finite verb) であり, 普通は前方に, これと一意的にタイアップする主格 (nominative case) の代名詞または名詞がある。これが文法上の主語であって, ①動作・作用のにない手を, あるいは性質・関係の帰属する当の事物を表わしている。主語と述語との一意的つながりは, ②述語たる定動詞が主語と人称的に呼応する (例えば, I am, You are, He is) という制約の上に成り立っている。

(『国語学大辞典』487〜488頁)

　ここで論じられている「主語」は明らかに英文法の「主語」(Subject) であるのだが, このような意味での「主語」は日本語にはないというのが, 三上の主張である。これはまったくそのとおりである。英語と日本語は異なる言語であり, 一方の言語現象を基準にして, 他の言語に全同なる言語現象を求めることは, 本来不可能事なのだから当然なのである。また, この論理に立てば, 日本語には「述語」(Predicate) も同様に存在しないはずであるのだが, 三上は「述語廃止論」は唱えていない。

三上文法の真価は、「主語廃止論」にはなく、次に紹介する「主格の優位性」という文法上の言語現象を明らかにしたことにある。
　一、主格はほとんどあらゆる用言に係るが、他の格は狭く限られている。
　二、命令文で振り落される。
　三、受身は主格を軸とする変換である。
　四、敬語法上で最上位に立つ。
　五、用言の形式化に最も強く抵抗する。　　　（『現代語法序説』99頁）
　これらのほかに、連体従属節において「主格の『ガ』だけは『ノ』に変えられるが、『ヲ』以下の格助詞にはこのような可変性はない。」（『続・現代語法序説　主語廃止論』45頁）という「ガノ可変」現象を「主格の絶対的優位」を示すものとして指摘している。

(3)「主語＝主格補充成分」説

　三上文法のプラス面を積極的に評価し、発展させたのは北原保雄である。彼は、三上がいうとおり、日本語には述語と独占的に関係する成分はないとし、「主語」とされているものは「主格補充成分」であると主張する。

　　日本語の場合、たとえば、「明日は雨が降るだろう。」の「雨が」は、

　　　雨が　降る　だろう

　のように、「降る」とだけしか関係しない。…(中略)…むしろ、「明日は」のほうが、

　　　明日は　雨が降るだろう

　のように述語全体と大きく関係すると解釈されるが、「明日は」は主語ではない。

　　かくして、日本語には主語があるかという問いの答えは、ない、ということになる。　　　　　　　　　　　　　　　　（『日本語の焦点』82頁）

　山田、三上と同様に「主語」を否定し、主格（補充成分）を立てた北原は、これを次のように下位分類する。

　　主観的主格と客観的主格
　　　（私が　　リンゴが　　好きだ。)
　　能動主格と所動主格
　　　（私が　　リンゴが　　食べられる。)

全体主格と部分主格
（象が　　鼻が　　　　長い。）
　北原は，用言・体言を一方的に修飾する「修飾成分」と，用言の受ける機能と相互的に関係し「補充」と「統括」という関係を結ぶ「補充成分」とを峻別する。「主語」は，その「補充成分」の一種と位置付けたわけである。

5.「主語」設定論

　三上文法の「主格の優位性」を拡充しつつ，三上とは逆に，日本語の文法に「主語」を認めようとする主張が，久野 暲，柴谷方良らにより展開されている。

① 格助詞「が」で示される。
② 基本語順で文頭に起こる。
③ 尊敬語化を引き起こす。
④ 再帰代名詞の先行詞として働く。
⑤ 等位構文においてΦ（著者注，「省略される名詞句」のこと。以下同じ）となったり，Φの先行詞として働く。
⑥ 主文と補文において同一名詞が要求される構文では，補文のΦとなる。
⑦ 「の」「が」の交替を許す。
⑧ 恣意的なゼロの代名詞がその位置に起こる。

　　　　　　柴谷方良「主語プロトタイプ論」（「日本語学」1985年10月号）

　また，仁田義雄は，「伝達のムード」において「主（ぬし）格」は「人称」が指定されるとし，「他の格に見られない主の格の特記すべき優位性を物語っている。」〔「主（ぬし）格の優位性＝伝達のムードによる主格の人称指定」，「日本語学」1985年10月号〕と結論する。仁田は，「主語」を構文論の単位と積極的に認定してはいないが，方向としては，「主語」設定論に近い。
　要するに，主格は他の格に見られない多くの「統語的特性」を有しているのであるから，「主語」を設定したほうが，日本語の構文論としては便利だというのが彼らの主張するところである。
　「主語」設定論の問題点としては以下のような例もある。例えば，柴谷の「⑧ 恣意的なゼロの代名詞がその位置に起こる。」は，次のような言語事実に基づく

立論である。

「本を読むことはいいことだ。」という，「人々が」や「どのような人でも」が省略された，すなわちゼロ代名詞の主格の表現は可能だが，「子供が尊敬することはいいことだ。」や「僕は一生を捧げたい。」のような，対格や与格がゼロ代名詞となると考えられるような表現は「非文」であるというのである。

しかし，「ピアノ，教えます。」「安く売ります。」のような対格や与格が省略されてゼロ代名詞化したと考えられる表現はきわめて平凡な日本語である。「ゼロの代名詞がその位置に起こる」のは主格に限ったことではなく，対格や与格にもあるのである。

仁田は，「君が，彼女にその事を伝えてくれ。」は可能だが，「私が」や「彼が」は「非文」だという。そして，主格が人称指定されているという。この限りにおいては確かにそのとおりであるが，考察不十分である。「君が，君にその事を伝えてくれ。」も「非文」であろう。とすれば，与格も人称指定されている。ほんの少し，例文を変え，見方を変えれば，結論が変わってしまう。「伝達のムード」が構成する意味的場が人称を指定すると考えたほうが言語事実をよく説明しているといえるであろう。「主語」設定論は今後とも検討が必要であろう。

6. 文の成分としての「主語」

A 風が 吹く。
B 風が 吹く日。

「主語＝連用修飾語」説，「主語＝主格補充成分」説，いずれの説にせよ，AとBの「風が」の区別がつけられない。前者に従えば，Aの「風が」もBの「風が」も，「連用修飾語」になり，後者では「主格補充成分」になってしまう。「主語」設定論でも同様である。どちらの「風が」も「主語」であり，AとBの差はないということになる。要するに既存の説では，Aの「風が」とBの「風が」は構文的に同じものと認定することになるだろう。しかし，これらの「風が」が構文的に異なることは明瞭である。

Aの「風が」は，述語（文の成分）「吹く」（終止形）と関係し，文を構成している。また，「風は」に置き換えられるが，「風の」には置き換えられない。

一方，Bの「風が」は，述語的用言（文の成分素）「吹く」（連体形）と関係し，

連体従属節（文の成分素）を構成している。また，「風の」に置き換えられるが，「風は」には置き換えられない。

このように，明らかに異なるものを，同一のものとしか認定できない構文論は無力というほかないであろう。

Aの「風が」は，言語的事柄，意味的関係においては「主格」であるが，構文論的には，「主語」（文の成分）である。

Bの「風が」は，言語的事柄，意味的関係においては「主格」であり，構文論的には「主格成分素」（文の成分素）なのである。

日本語の構文論においても，「主格」と「主語」の区別は必要である。ただし，この「主語」は「文主」としての「主語」（Subject）ではない。

また，「雨が降るだろう」の「雨が」は「降る」の主格としてしか機能していないという北原の分析は，言語表現の事柄を意味的に分析したものであろう。「雨が」は文の成分であるが，「降る」は文の成分ではない。「降るだろう」という述語（文の成分）の一部である。これは，文の成分と文の成分の一部（形態素）とを関係付けて分析していることになる。

7. 対象語

時枝誠記は，「対象語格」という用語で「主語」に近接した概念を日本語の構文論に導入した。

> 私は仕事がつらい。彼は算術が出来る。に於ける「私」「彼」を主語と考へるべきではないかといふ議論も出て来て，「仕事」「算術」をどのやうに取扱ふべきかが問題になる。ここで，「私」「彼」は当然主語と考へられるので，「仕事」「算術」は，述語の概念に対しては，その対象になる事柄の表現であるといふところから，これを対象語と名付けることとしたのである。
>
> 　山が見える。　汽笛が聞える。　犬がこはい。　話が面白い。
>
> 等の傍線の語は，皆同じやうに主語ではなく，対象語と認むべきものなのである。　　　　　（『日本文法 口語篇』277〜278頁）

さらに，時枝は「見える」「こはい」を例にとり，考察を続ける。

> これらの語は，一方では，主観的な知覚，感情の表現であると同時に，他

方では，そのやうな知覚や感情の機縁，条件となる客観的な事柄の属性を表現してゐる。　　　　　　　　　　　　　　　　　　　（同上，278頁）

そして，述語の主観的な側面に対するものが「主語」（私が），客観的な側面に対するものが「対象語」（「山が」／「犬が」）であり，「主語と対象語とは，全く相排斥する矛盾概念ではないのである。」（同上）とし，「対象語の問題は，述語に用ゐられる用言の意味に関係すること」（同上）と結論する。

せっかく，「対象語格」という新しい用語を用い，構文論に導入しながら，「主語」と「全く相排斥する矛盾概念」ではないというのでは，何のための概念設定かと疑われ，また，「用言の意味に関係すること」と断定されると，構文論の問題ではないのかということになりそうだが，どうも，そのようなことではなさそうである。

上に紹介した時枝の認識は，4節（3）で紹介した北原の「主観的主格と客観的主格」という用語で表されたものと完全に一致する。用言の意味が，形をとって，一定の構文的関係をとれば，それは，やはり構文論の問題なのである。

久野暲は，「目的格を表わす「ガ」」（『日本文法研究』48～57頁）ととらえている。考察の方法こそ違え，本質は時枝と変わらない。意味のレベルで考えている。

A　水が　飲みたい。
B　水を　飲みたい。

A・Bを同様なものと考えるのは，構文論的考察ではない。言っている意味は同じなのだから，という言語事実の事柄的側面，意味的関係を把握したにすぎない。

Aの「水が」は，言語的事柄，意味的関係においては「対格」であるが，構文論的には「主語」である。

一方，Bの「水を」は，言語的事柄，意味的関係においては「対格」であるが，構文論的関係は目的語（補捉成分）なのである。

■ 発展問題

(1) 夏目漱石『坊つちやん』の冒頭部である。

　　親譲りの無鉄砲で小供の時から損ばかりしてゐる。小学校に居る時分学校の二階から飛び降りて一週間ほど腰を抜かした事がある。なぜそんな無闇をしたと聞く人があるかも知れぬ。別段深い理由でもない。新築の二階から首を出してゐたら、同級生の一人が冗談に、いくら威張つても、そこから飛び降りる事は出来まい。弱虫やーい。と囃したからである。小使に負ぶさつて帰つて来た時、おやぢが大きな眼をして二階位から飛び降りて腰を抜かす奴があるかと云つたから、この次は抜かさず飛んで見せますと答へた。

① 各文の述語に下線を施し、対応する主語を確認してみよう。
② 対応する主語がない場合、主語を想定してみよう。
③ 想定される主語を明示した文章と原文とを比較してみよう。

(2) 次の各文の「水が」を文法的に説明してみよう。
① 水が流れる。
② きれいな水がある。
③ 水が冷たい。
④ 水が飲みたい。
⑤ 水が命だ。

(3) 二重下線部の表現は「動作主」を表すが、文の性質や意味の点で異なるところがある。それぞれの相違について、考えてみよう。
① 犬が 吠える。
② 太陽が 昇る。
③ 私には 答える事ができない。（私ができない）
④ それは娘に やらせましょう。（娘がやる）
⑤ 子供の頃、よく父に 叱られました。（父が叱る）
⑥ 準備はわたしたちで やります。（わたしたちがやる）
⑦ 君から 申し込まれた件、解決したよ。（君が申し込む）
⑧ 校長先生より朗報が伝えられた。（校長先生が伝える）
⑨ 君までそんなことを言うのか。（君が言う）

(4) Aa, Bbの対比において、bが言えない理由について考えてみよう。

①　A　鈴木と田中が線をひきました。
　　　a　鈴木と田中で線をひきました。
　　　B　鈴木と田中が風邪をひきました。
　　＊b　鈴木と田中で風邪をひきました。
②　A　私が頼んであげます。
　　　a　私から頼んであげます。
　　　B　インフルエンザで多くの人が死にました。
　　＊b　インフルエンザで多くの人から死にました。

(5)　次の二重下線部を「主語」と言ってよいかどうか，考えてみよう。
①　こんな事がわからないのか。
②　完成には1か月が必要だ。
③　水が飲みたい。
④　そこから富士山が見えますか。
⑤　絵を描くのが得意だ。
⑥　沿道の応援が励みだった。
⑦　あの先生はいつも時間が正確だ。
⑧　あれでは客が気の毒だ。
⑨　実はそのことが気になるのです。
⑩　私は数学が苦手だ。

■ 参考文献

1) 大槻文彦『広日本文典・同別記』（復刻版，勉誠出版，1977）
2) 山田孝雄『日本文法学概論』（宝文館，1936）
3) 松下大三郎著・徳田政信編『増補校訂 標準日本口語法』（復刻版，勉誠出版，1977）
4) 橋本進吉『国語法研究』（橋本進吉博士著作集2，岩波書店，1948）
5) 時枝誠記『日本文法 口語篇』（岩波書店，1950）
6) 三上　章『象は鼻が長い』（くろしお出版，1960）
7) 三上　章『現代語法序説』（くろしお出版，1972）
8) 三上　章『続・現代語法序説＝主語廃止論』（くろしお出版，1972）
9) 久野　暲『日本文法研究』（大修館書店，1973）
10) 寺村秀夫『日本語のシンタクスと意味Ⅰ～Ⅲ』（くろしお出版，1982～1991）
11) 北原保雄『日本語文法の焦点』（教育出版，1984）
12) 益岡隆志・田窪行則『日本語文法セルフ・マスターシリーズ3　格助詞』（くろしお出版，

1987）
13) 熊倉千之『日本人の表現力と個性』（中公新書，中央公論社，1990）
14) 尾上圭介「文法を考える 主語（1）〜（3）」（「日本語学」明治書院，1997年10月〜1998年1月）
15) 小池清治『現代日本語文法入門』（ちくま学芸文庫，筑摩書房，1997）

第3章 「栃木県に住む外国人」と「栃木県に住んでいる外国人」は同じか？

【文法・動詞】

キーワード：アスペクト，動作動詞・状態動詞・瞬間動詞・変化動詞・可能動詞・特殊動詞，始動相・継続相・存続相・完了相・既然相・成立相・終結相，ル形・テイル形・タ形

1.「住む」と「住んでいる」は同じか？

A　栃木県に住む外国人は20万人を超え，県民の約1割に及ぶ。
B　栃木県に住んでいる外国人は20万人を超え，県民の約1割に及んでいる。

Aは「住む／及ぶ」と動詞だけの表現，Bは「住んでいる／及んでいる」のように，「動詞＋テイル」の形であり，明らかに異なっているが，言っていることは同じなのだろうか。

結論から言えば，同じとも言えるし，異なるとも言える。

まず，同じところは，「栃木県に住む外国人」と「栃木県に住んでいる外国人」で，指し示す対象，意味・内容が等しいというところである。

「住む／及ぶ」は，後述する「状態動詞」に属する。状態動詞では，単独の動詞による表現の意味・内容と，「動詞＋テイル」による表現の意味・内容とが等しくなる。すなわち，意味・内容の観点においては，A・Bは同じと言える。

ところで，言語表現においては，形が異なれば，その表す表現価は必ず異なるという原則がある。表現価という観点に立てば，A・Bの表現は異なるということになる。

具体的に言えば，状態動詞においては，現在形（「ル形」とも言う）は未来のことを意味することができる。「栃木県に住む外国人」という表現は，「栃木県に住むコトニナッテイル外国人」という意味でも使用できるということである。これに対して，「栃木県に住んでいる外国人」は，現在住んでいるという意味でしか使用されない。この意味では，「テイル形」の意味は狭く，「ル形」は広いとい

うことになり，異なるのである。

2. 古典語には「テイル形」（厳密には「テキル」形）は存在しなかった

アスペクトを表す「テイル」（厳密には「テキル」）という表現形式は古典語には存在しない。古典語の現在形（ル形）は，「テイル」が表すアスペクトを内包していた。

『源氏物語』「若紫」の一節を見てみよう。

人なくて，つれづれなれば，夕暮れのいたう霞みたるにまぎれて，かの小柴垣(しばがき)のほどに立ち出(い)でたまふ。人々は帰したまひて惟光朝臣(これみつあそむ)とのぞきたまへば，ただこの西面(にしおもて)にしも，持仏(ちぶつ)すゑたてまつりて行ふ，尼なりけり。

［相手になる人もいなくて，所在ないので夕暮れのたいそう霞んでいるのにまぎれて，例の小柴垣のあたりにお立ち出でになる。供人たちはお帰しになって，惟光朝臣と垣の内をおのぞきになると，すぐそこの西面の部屋に，持仏をお据え申して，お勤めをしている，それは尼であったのだ。］

「行ふ」は，仏に仕える行為を行うの意であり，現代語に訳せば，「お勤めしている」という存続相になる。すなわち，古典語の現在形（ル形）は，「テイル形」をも意味することができたのである。

このような知識に基づけば，先に示したAの表現は，語法として古い表現であり，Bの表現は，「テイル形」が発達した近代語の語法で新しい表現であるということになる。

意味・用法の広狭，語法の新旧という観点からは，AとBは異なるということになった。

3. アスペクト（相）とは

アスペクト（相(そう)）は述部において，中核動詞，ヴォイスの下に現れ，動作や状態が発生・開始・継続・終結などのどの段階にあるかという，動詞の様相に関する情報のことである。アスペクトの表し方には三種類の型がある。

第一種類（第一次アスペクト）＝ル形(けい)・タ形(けい)によるもの
第二種類（第二次アスペクト）＝「動詞＋テ＋イル・アル」などによるもの

第三種類（第三次アスペクト）＝「動詞＋ハジメル・ダス／ツヅケル／オワル」など，複合動詞によるもの

第一次アスペクト（ル形・タ形）　動作動詞のル形は未完了相・未然相（すぐに書く。），タ形は完了相・既然相（もう書いた。）を表し，状態動詞のル形は**存続相**（遺跡がある。），タ形は完了相（遺跡があった。）を表す。

第二次アスペクト　「動作動詞＋テイル」は進行相・継続相を表し，「瞬間動詞＋テイル」（死んでいる。）や「変化動詞＋テイル」（痩せている。）は結果の状態の存続相を表す。「テイル」は，「ある／居る／要る」や「うますぎる／やすすぎる」など状態を表す動詞には付かない。これらは，アスペクト的要素を内包しているからである。また，常に「テイル」の形で用いられる特殊動詞として「似ている」のほかに，「聳えている／優れている／劣っている」などがある。これらは，動詞というより，形容詞や形容動詞に近く，状態や性質を表す働きを有している。

第三次アスペクト　動作・状態の開始を表すもの（**始動相**）として，「……ハジメル／ダス／カケル」がある。

動作動詞	出現動詞	状態動詞	瞬間動詞	可能動詞
書きハジメル	生れハジメル	降りハジメル	＊止みハジメル	＊読めハジメル
書きダス	＊生れダス	降りダス	＊止みダス	読めダス
書きカケル	生れカケル	降りカケル	止みカケル	＊読めカケル

＊は非文の意。以下同じ。

「ハジメル」は用法が最も広いものであるが，「止む・終わる」など，終了を意味する瞬間動詞や能力の獲得を意味する可能動詞には付かない。「ダス」は，出現や事態の発生の意を付与するものであるので，最初からこの意を有する出現動詞などや，終了・終結を意味する瞬間動詞には付かない。「カケル」は，動作・状態の取りかかり，未完成状態にあることの意を付与するので，能力獲得の完結を意味する可能動詞には付かない。

動作・状態の継続を表すもの（**継続相**）として，「……ツヅケル／ツツアル／テイルトコロ」などで表す。

「ツヅケル」が出現動詞に付くと，継続相ではなく，反復相になってしまう。

動作動詞	出現動詞	状態動詞	瞬間動詞	可能動詞
書きツヅケル	生れツヅケル	降りツヅケル	＊止みツヅケル	＊読めツヅケル
書きツツアル	生れツツアル	降りツツアル	止みツツアル	＊読めツツアル
書いテイルトコロ	生れテイルトコロ	降っテイルトコロ	＊止んデイルトコロ	＊読めテイルトコロ

また，瞬間動詞や可能動詞には付かない。これらは，本来，継続の意とは無縁なのであるから，当然である。「ツツアル」は継続の意もあるが，成立仕掛かるの意（成立相）もある。「テイルトコロ」は継続相のほかに，結果の存続相を表す。

動作・状態の終結を表す（終結相）には，「……オワル／オエル／ヤム／テシマウ」などがある。

動作動詞	出現動詞	状態動詞	瞬間動詞	可能動詞
書きオワル	＊生れオワル	＊降りオワル	＊止みオワル	＊読めオワル
書きオエル	＊生れオエル	＊降りオエル	＊止みオエル	＊読めオエル
＊書きヤム	＊生れヤム	降りヤム	＊止みヤム	＊読めヤム
書きテシマウ	生れテシマウ	降っテシマウ	止んデシマウ	読めテシマウ

「オワル」は意思的動詞の終結を自然的推移として述べる意を表す。「オエル」は意思的動詞の終結を意思的結果として述べる意を表す。「ヤム」は状態の完了の意を表す。

■ 発展問題

(1) 次の各文の「テイル」の意味用法について，考えてみよう。
  ① 汽車が走っている。
  ② 汽車が止まっている。
  ③ 親子はよく似ている。
  ④ このコースは去年も走っているので，安心だ。
  ⑤ 多くの老人が交通事故の犠牲になっている。

(2) ル形叙述（A），テイル形叙述（B），タ形叙述（C）の意味・内容の異同について考えてみよう。
① A汽車が走る。　　　　B汽車が走っている。　　　C汽車が走った。
② A汽車が止まる。　　　B汽車が止まっている。　　C汽車が止まった。
③ A親子はよく似る。　　B親子はよく似ている。　　C親子はよく似た。
④ A去年走るコース　　　B去年走っているコース　　C去年走ったコース
⑤ A老人が犠牲になる。　B老人が犠牲になっている。C老人が犠牲になった。

■ 参考文献

1) 金田一春彦編『日本語のアスペクト』（むぎ書房，1976）
2) 寺村秀夫『日本語のシンタクスと意味Ⅰ～Ⅲ』（くろしお出版，1982～1990）
3) 森山卓郎『日本語動詞述語文の研究』（明治書院，1988）
4) 工藤真由美『アスペクト・テンス体系とテクスト―現代日本語の時間の表現―』（ひつじ書房，1995）
5) 小池清治『現代日本語文法入門』（ちくま学芸文庫，筑摩書房，1997）

第4章　ラ抜き言葉が定着するのはなぜか？

【文法・可能動詞】

キーワード：可能表現，能力の可能・状況の可能・蓋然性の可能，可能動詞

1. ラ抜き言葉との出会い

　従来，「来られる／見られる／食べられる」と表現されていたものが，近来，「来れる／見れる／食べれる」と，「ら」音節を欠落させた形で表現されるようになった。これらは，「ら」音節を欠落させた表現なので，「ラ抜き言葉」と称されている。

　著者が，ラ抜き言葉を意識したのは，栃木の田舎から東京の大学へ出たばかりの，1960年初夏の頃のことであった。当時，三十代の後半にあった東京出身の教官の口から，「昨日は，よく寝れなかった。」という表現を聞いたのだ。その時の驚きは今でも鮮明に思い出すことができる。

　1976年，小池は職場の関係で宇都宮市に転入した。その年の春，宇都宮市のデパートの食堂で，若い母親が子供に向かって「一人で，食べれないの？」と言っているのを耳にし，ここまで来ているのかと感慨を新たにしたのだった。

　「来れない／寝れない／出れない」など，語幹が一音節のものはラ抜き言葉になりやすいのであるが，宇都宮の若い母親は，語幹が二音節である下一段動詞をラ抜き言葉にしていたのである。

　それから四半世紀，この間，何人かの学生がラ抜き言葉をテーマにして卒業論文を書き，国立国語研究所が実態調査を行い，多くの国語学者が論文を発表し，最近では，国語学者小松英雄が『日本語はなぜ変化するか―母語としての日本語の歴史―』（笠間書院，1999年）という研究書を公にし，ラ抜き言葉は日本語の歴史の必然であるという御墨付きを与えている。

国語審議会や文部省の必死の引き止めにもかかわらず，ラ抜き言葉は隆盛を極め，今ではテレビのアナウンサーの口からも，ラ抜き言葉がきわめて自然に出るまでに至っている。国語審議会や文部省がラ抜き言葉を認知するのも，そう遠い将来のことではなさそうだ。

　ラ抜き言葉がなぜ発生したかについては，前述の小松の著書に詳しいが，ここでは，四段動詞に対応する可能動詞が定着する様子と対比して，ラ抜き言葉について考えてみることにする。

2. 可能表現の形式

　可能表現とは，あることをする能力があること（能力の可能），あることをすることが可能な状況にあること（状況の可能），あることが成立する見込みがあること（蓋然性の可能）などを表す表現のことで，主として次の形式で表現される。

　Ⅰ　動詞の可能形（動詞未然形＋レル／ラレル，可能動詞，サ変動詞語幹＋デキル）
　Ⅱ　動詞連体形・動詞節＋コトガデキル
　Ⅲ　動詞連用形＋エル／ウル

　古くは，「動詞＋レル／ラレル」だけであったが，後に，「書く／書ける，読む／読める，話す／話せる，聞く／聞ける」などのように，四段動詞に対応する下一段動詞の可能動詞が発達した。今日では，正当な表現と認識されている可能動詞も，実は後に発達したものなのである。その一部は中世にすでに発生しているが，可能動詞が勢いを得るのは，明治時代以後，わずか百年前のことにすぎない。

3. 森鷗外・夏目漱石の「言へる／言はれる」

　まず，森鷗外の作品により，可能表現のありようを調べてみよう。
　　A＝動詞未然形＋レル
　　B＝可能動詞
とする。

森鷗外（1862-1922）

『ヰタ・セクスアリス』

　A　そんならと云つて，恋愛問題とも云はれまい。
　B　それがなんとも云へない好い心持がするので……

『青年』

　A　そして初めて逢つた自分に，宅へ本を見に来いなんぞと云はれるのは，一家の主権者になつてゐられるからだなと思つた。
　A　併し容赦なく自己を解剖して見たら，どうもそればかりであつたとは云はれまい。
　A　そう云へば云はれないことはないね。
　A　あの読んだ時に，女といふものの一面を余りに誇張して書いたらしく感じたオオドのやうな女も，坂井夫人が有る以上は，決して無いとは云はれない。
　B　その物を云ふ声が，なんとも云へない，不自然な，きいきい云ふやうな声である。

『高瀬舟』

　B　やうやうものが云へるやうになつたのでございます。

　Aの表現は現代日本語にはない。現代日本語ではB型になっている。鷗外の日本語はやや古いと言ってよいだろう。
　次に，夏目漱石の作品について調べる。

夏目漱石（1867-1916）

『吾輩は猫である』

　A　まさか雑煮を食つて踊りを踊つたとも云はれないから……
　A　その背中の丸さが言ふに云はれんほど美しい。
　A　よいとは云はれますまいな——なあ迷亭。
　B　新道の二絃琴の師匠の所の三毛の様に贅沢は無論云へる身分でない。
　B　死ぬと云ふ事がどんなものか，まだ経験した事がないから好きとも嫌いとも云へないが……

- B　なんとも云へないよ。
- B　よくまあ，しらじらしく云へると思いますよ。
- B　まさか――さうとばかりも云へんがね，……
- B　全能とも云へやうが，無能と評したつて差し支えない。
- B　人間は吾身が怖ろしい悪党であると云ふ事実を徹骨徹髄に感じた者でないと苦労人とは云へない。
- B　考へて居たつて通れ位は云へるだらう。
- B　云へん事もないさ。
- B　東風君，新体詩でそんな事が云へるかい。
- B　何とも云へませんね。
- B　娘は――娘は見た事がないから何とも云へないが――……

『こゝろ』
- A　「世の中が嫌になつたから，私までも嫌になつたんだと云はれるぢやありませんか。それと同じ理屈で……」
- A　「両方とも云はれる事は云はれますが，この場合は私の方が正しいのです。」
- A　「どの位つてほどありやしませんわ。まあこうしてどうかこうか暮して行かれるだけよ，あなた。」
- A　それを人に与へないで死ぬのは，惜しいとも云はれるでせう。
- A　彼の眼の着け所は私より遥かに高い所にあつたとも云はれるでせう。
- A　いびつな円を描いたとも云はれるでせうが，……
- A　他から見たら余計な事のやうにも解釈できませうが，当人にはまた当人相応の要求が心の中にあるのだから已むを得ないとも云はれるでせう。
- B　けれどもその表情の中には判然云へない様な一種の曇があつた。
- B　その悲劇のために寧ろ生れ出たともいへる二人の恋愛に就いては，先刻云つた通りであつた。
- B　「みんなは云へないのよ。みんな云ふと叱られるから。」
- B　「ならんとも云へないですね」
- B　この様子ぢや何時急にどんな事がないとも云へないよ」
- B　年来の希望であつた結婚すら，不安のうちに式を挙げたと云へば云へない

事もないでせう。

『明暗』
- A　それほどの損失もないのだと云へば、云はれないこともないでせうが、……
- A　もつと広く云へば人間がないんだとも云はれるでしょうが。
- A　殆んど方便とも手段とも云はれないほど重い意味を彼女の眼先へ突き付けてゐた。
- B　それは何とも云へなかつた。
- B　それも何とも云へなかつた。
- B　彼は蟇口(がまぐち)の悪口ばかり云へた義理でもなかつた。
- B　不幸にして津田にはその変な所が明瞭に云へなかつた。
- B　だから又永久に珍しい感じであるとも云へた。
- B　一度会つた位で何も云へる訳がないつていふのよ。
- B　何か云へるだらう。
- B　云へないわ。
- B　云へない？
- B　或は何も云へないのかも知れないね、種がなくつて。
- B　しかしすぐは何とも云へなかつた。
- B　彼の話は、到底子供でなくては云へない、観察だの、批評だの、事実だのに富んでゐた。
- B　若(もし)くはその或物が根調(こんちょう)で、さうした断片的な影像(イメージ)が眼の前に飛び回るのだとも云へた。
- B　彼女は今までに彼位な貧しさの程度の人に出会はないとは云へなかつた。
- B　どうせただ貰ふんだからそう贅沢も云へませんかね。
- B　「なに本当はお延のお蔭で痛み始めたんだ」とも云へなかつた津田は……
- B　今まで全く気が付かずにゐたといふ意味で遠いといふ事も云へる代りに……
- B　滅多な事の云へないお延は、……
- B　しかも傍から見たその問題は決して重要なものとは云へなかつた。
- B　兄さんこそ淡泊でないから、それが口へ出して云へないんです。

B　結果は一口で云へるほど簡単です。
B　そりや云へないわ。
B　先刻来るなといふ手紙を出した事も，夫人の前では云へなかつた。
B　これは私でないと面と向つて誰も貴方に云へない事だと思ふから云ひますがね。
B　云へる事は男らしく，さつさと云つちまつたら可いでせう。
B　もつと露骨なのがお望みなら，まだ露骨にだつて云へますよ。
B　貴方が隠すと後が云へなくなるだけだから。
B　勿論その見識は複雑とは云へなかつた。
B　そりや実際に問題が起つて来なくちや云へないわ。
B　云へないのはつまりお前にも解らないといふ意味なんじやないか。
B　そうさ余裕次第とも云へるね。
B　僕だからこれだけの事が云へるんだといふ事を。
B　鏡は等身と云へないまでも大きかつた。
B　それは単に女だからとも云へた。
B　彼には不意の裡に予期があり，彼女には突然の中にただ突然があるだけであつたからとも云へた。
B　彼を動かした所作に過ぎないとも云へば云へない事もなかつた。
B　そりや何とも云へないわ。

　A・Bの比率を見てみると，『吾輩は猫である』では3対12，『こころ』では7対5でやや古さを示すが，『明暗』では3対37になっている。可能動詞の定着度が鷗外より進んでいるとしてよかろう。Aは衰退に向かっている。

4. 芥川龍之介・志賀直哉・太宰治の「言へる／言はれる」

　森鷗外・夏目漱石の次の世代の芥川龍之介・志賀直哉・太宰治ではどうなっているのであろうか。

芥川龍之介（1892-1927）
『秋』
　A　そうは我儘を云はれない，複雑な事情もないではなかつた。

A　殊に中央停車場から汽車に乗らうとする間際，そつとこの手紙を渡した照子の姿を思ひ出すと，何とも云はれずにいじらしかつた。
　B　其処には待つとは云へないほど，かすかに何かを待つ心もちがあつた。

『河童』
　A　さうさうも言はれますかね。

『歯車』
　A　迂闊に常談も言はれないのを感じた。
　A　かう云ふ気もちの中に生きてゐるのは何とも言はれない苦痛である。
　B　僕にははつきりと言へないけれど，……電気の両極に似てゐるのかな。

　芥川は漱石の次の世代であるのだが，可能表現に関しては，漱石と同じか，やや古いというところである。
　芥川としては，数少ない，実人生を反映した自然主義的作品『秋』の地の文において，A型の「言はれる」を使用している。『河童』『歯車』を併せると，A型の方が多いのも注目される。

志賀直哉（1883-1971）
『暗夜行路』
　A　「はあ！　物が云はれんな」こんなにいつて急いで口を手で被ひ，引き退つて行つた。
　B　こんな見え透いた事を平気で云へる慶太郎の心持を不思議にさへ思つた。
　B　笑談一ついへない気持だつた。
　B　これは必ずしも悪い気持とは云へなかつたが何か頼りない心細さを感じた。
　B　可哀想でそんな事，云へません。
　B　さういふ芽は自分にもないとは云へない気がした。
　B　これを承知する場合がないとも云へないので，……
　B　実際さうとよりお栄さんとしたら云へない事だ。
　B　俺は俺の過失に重ねて，こんな虫のいい事をいへた義理ではない事をよく知つてゐる。

B 然し只これだけの事は云へます。
B 調停が，いつも不徹底なら，仕方がないが，さうばかりも云へないからね……
B 何かの形でそれが出ないとは云へないと云つているし，……
B 今が，よりいい状態だとは云へない気がして，変に淋しい不快な気持になつた。
B 不賛成がいへないから賛成したので，実はいやいやなんです。
B さうも云へないわ。
B 貴方の方の御都合もあること故，強ひてとはいへないが，……
B 「滑い奴だな」と直ぐ一と口に串戯の云へなかつた処に……
B 謙作は若しそれが云へる事なら何とか云つて慰めてやりたかつた。
B 謙作には父らしいと云へるやうな感情が殆ど湧いて来なかつた。
B 母乳以上の母愛をも要求しないとは云へなかつた。
B もう全く声がなく，泣くとも云へない泣き方だつた。
B それは数ある中では何ともいへませんからな。
B 僻み根性だ，自らさう戒めもするが，直ぐと，ばかりも云へないといふ気が湧いて来る。
B お栄の天津での失敗はお才に瞞されたとは言へないまでも……
B お前もいいとは云へないが，おれはお前を責めてゐるわけぢやあない。
B それだけの事ならはつきり云へるだらう？
B 直子と要との関係は最初から全く無邪気なものとは云へなかつた。
B だから，一番の被害者は君自身と云へるかも知れない。
B それだけでも大変なのに近頃又，人にも云へない苦労があるらしい噂です。
B お由は竹さんの人にも云へない苦労と云ふのを話した。
B 又訪ねたい誘惑にかられないとは云へない気がするのであつた。
B 私にはどうもはつきりした事は云へませんよ。
B 私も本統の所，何方とも云へないんだが……

芥川と同じ世代であるが，志賀の日本語はだいぶ新しい。「言はれる」のA型

はただ一例，関西弁を使う「婆アや」の「仙」の会話文の例だけである。これに対して，「言へる」のB型は地の文でも会話文でも用いられ，32例を数える。志賀の日本語においては，「言はれる」は死語になりつつある。

太宰 治（だざい おさむ）（1909-1948）

『ダス・ゲマイネ』

　A　それが，口に出して<u>言はれ</u>ないやうな，われながらみつともない形で女のひとに逃げられたものであるから，……

　B　こいつをちらとでも<u>覗</u>(のぞ)いたら最後，ひとは一こともものを<u>言へ</u>なくなる。

　B　おめえは会話の語尾に，ねえ，とか，よ，とかをつけなければものを<u>言へ</u>ないのか。

　B　僕はむづかしい言葉ぢや<u>言へ</u>ないけれども，……

『斜陽』

　A　その人の名は，とても誰にも，口がくさつても<u>言われ</u>ないんです。

　B　なんとも<u>言へ</u>ないくらい柔らかくマイルドな色調を作り出してゐる事に気がついた。

　B　ゲエテにだつて誓つて<u>言へる</u>。

　B　しかも，それは弟が実際の金額を<u>言へ</u>なくて，嘘をついてゐたのがあとでわかつた。

　B　これだけは，はつきり<u>言へます</u>。

　B　誰にでも，思つたとほり<u>言へる</u>方だ。

　B　それは，はつきり<u>言へる</u>んです。

　B　もしもだね，コンチワァを軽く<u>言へ</u>なかつたら，……

　B　優れてゐる，と<u>言へ</u>ないのか。

　B　僕は，はつきり<u>言へます</u>。

太宰治においても，A型は劣勢を極めている。『斜陽』の一例は，主人公和子の弟，直治の遺書における用例である。『ダス・ゲマイネ』も男の語りの例であり，同じ位相のものであろう。太宰の内部には，わずかにA型が残存していたものと推測される。

5. ラ抜き言葉，歴史的観点と体系的観点

「言へる」に限定して，可能動詞の定着する過程をながめてきた。

「言はれる」と「言へる」の生存競争は，志賀直哉の段階，すなわち大正期に決着が付き，「言へる」が定着したと考えてよいだろう。今では，当たり前の「言える」であるが，「言われる」との競争の結果，生き残ったものであることが理解されたことと思う。

「来られる／来れる」「見られる／見れる」「食べられる／食べれる」の生存競争は現在進行中である。ラ抜き言葉の問題は，このように，日本語の歴史の中のひとこまとしてとらえるべきものなのである。

志賀直哉の作品に目を通して，印象的なことは，「おっしゃる」ではなく「言はれる」が，「いらっしゃる」ではなく「ゐられる」が尊敬表現として多用されていることである。「レル／ラレル」が尊敬表現で多用されることと，「言へる」という可能動詞の定着とは密接に関係していることと推測される。

四段動詞において，普通動詞と可能動詞のセットが定着すると，上一段動詞・下一段動詞・カ行変格動詞においても，普通動詞と可能動詞のセットがあった方が体系として整ったものになる。歴史的観点とは別に言語の体系という観点から見れば，ラ抜き言葉の問題は，体系を整備するための変化と位置付けることができる。そうして，「体系の整備」という認識に立てば，ラ抜き言葉がやがて，日本語のなかに正当な表現として認知されるようになることは，火を見るよりもあきらかなことと言えるのである。

■ 発展問題

(1) 宮澤賢治（1896-1933）の童話作品などでも，ラ抜き言葉が使用されている。実態を調査し，盛岡方言との関連を調べてみよう。

(2) 夏目漱石『明暗』，志賀直哉『暗夜行路』において，「レル／ラレル」を調査し，A自発，B可能，C尊敬，D受身の用例数，比率などを出し，対照的に研究し，可能動詞との関係について考えてみよう。

■ 参考文献

1) 小矢野哲夫「現代日本語可能表現の意味と用法 (1)(2)」(「大阪外国語大学学報」45/46, 1979/1980)
2) 小松英雄『日本語はなぜ変化するか―母語としての日本語の歴史―』(笠間書院, 1999)

第5章　「それでいいんじゃない？」はなぜ肯定になるのか？

【文法・疑問文・存在詞】

キーワード：挨拶語・省略表現・日本語の曖昧性・否定疑問文・存在詞文・ウナギ文

1.「こんにちは」も「さようなら」も省略語

　挨拶語「こんにちは」は，本来「こんにちは，いかがですか。」の省略語である。ところが，今では省略語であることを意識している人は少ない。その結果，「こんにちは」の「は」（係助詞）が，なぜ，「は」なのか理解できない人が多い。別れの挨拶，「さようなら」も本来は接続詞で，「さようなら，どうかお大事にお暮らしください。」などの省略表現なのである。

　「おはよう」「こんばんは」「ありがとう」などの表現も省略表現，多用される「どうも」は省略表現の代表的存在である。日本語のあるところには，省略表現が付いて回ると言ってよい。

　日本語は曖昧な言語とよく言われるが，曖昧性は多くの場合，省略表現に由来する。日本人同士の会話であれば，何が省略されているのかは自明であるから，曖昧性は感じないが，日本語能力が不十分な外国人には，一層曖昧だと感じられることになる。

　省略表現は，省略表現であると相互に理解していれば問題ないが，一方が省略表現と気付かなかったり，双方とも省略表現と気付かない場合に伝達上で不都合が生ずる。

　「私は，コーヒー。」などのウナギ文や，本章で取り上げる否定疑問文は省略表現であると気付きにくい表現であり，かつ，日本人が好んで用いる表現でもあるので，特に注意が必要である。

2. 留学生泣かせの否定疑問文

日本語能力がそれほど高くない留学生が実験装置をセットし終えた後の会話。

　　留学生　　　　　　「これでいいでしょうか？」
　　日本人指導教官　「それでいいんじゃない？」
　　留学生　　　　　　「では，セットし直します。」
　　日本人指導教官　「……？　それでいい，と言ったじゃないか！」
　　留学生　　　　　　「？」

留学生を指導していると，これによく似た行き違いがしばしば生ずる。「いいんじゃない？」という表現が，どうして「いい。」という表現と同じ意味になるのだろうか。また，同じ意味なら，「それでいい。」と明確に答えればよいものを，日本人は，なぜ，「いいんじゃない？」という否定疑問文を好んで用いるのだろうか。

3. 日本語疑問文の特徴

「おまえ，なにか文句ある？」という表現は，形の上では，文句の有無を尋ねているのであるが，実際は，「文句ありません。」という返答を期待，あるいは，強要している。

「なにか，言っておきたいことない？」という表現は，形の上では，「言っておきたいこと」の有無を尋ねているのであるが，実際は，「言っておきたいことが何かあるはずだが……。」と，相手の発言を促しているのである。

「ある？」と尋ねるときは，質問者は「ないはず」と思っており，「ない？」と尋ねるときは，質問者は「あるはず」と思っている。日本語の疑問文には，期待する答えとは反対の形で尋ねるという変わった特徴があるようだ。

このことを，存在詞「アル／ナイ」を例にして確認してみよう。

4. 存在詞による疑問文

①A　皿の上に，何がある？　　（あるものを尋ねる。／ないはずだの意を込める。）

　　B　皿の上に，何がない？　　（あるべきものを尋ねる。）

②A　皿の上に，バナナがある？　　（バナナの有無を尋ねる。／ないはずだの

意を込める。）
　　B　皿の上に，バナナがない？　（あるべきバナナの有無を尋ねる。）
③A　そこに，空席がある？。　（空席の有無を尋ねる。／ないはずだの意を込める。）
　　B　そこに，空席がない？　（あるべき空席の有無を尋ねる。）
④A　木の下に，風がある？　（風の有無を尋ねる。／ないはずだの意を込める。）
　　B　木の下に，風がない？　（あるべき／あってほしい風の有無を尋ねる。）
⑤A　患部に熱がある？　（熱の有無を尋ねる。／ないはずだの意を込める）
　　B　患部に熱がない？　（あるはずの熱の有無を尋ねる。）
⑥A　彼にやる気がある？　（やる気の有無を尋ねる。／ないはずだの意を込める。）
　　B　彼にやる気がない？　（あるはずの意を込める。）
⑦A　フロントガラスに傷がある？　（傷の有無を尋ねる。／ないはずだの意を込める。）
　　B　フロントガラスに傷がない？　（あるべき傷の有無を尋ねる。）
⑧A　この薬，結核に効果がある？　（効果の有無を尋ねる。／ないはずだの意を込める。）
　　B　この薬，結核に効果がない？　（あるべき効果の有無を尋ねる。）
⑨A　それには理由がある？　（理由の有無を尋ねる。／ないはずだの意を込める。）
　　B　それには理由がない？　（あるはずの理由の有無を尋ねる。）
⑩A　駅前で火事があった？　（火事の有無を尋ねる。／なかったはずの意を込める。）
　　B　駅前で火事がなかった？　（あったはずの火事の有無を尋ねる。）

　以上の観察結果をまとめると，次のようになる。
　Ⅰ　「ある？」「いる？」と肯定形で尋ねる疑問文には，単純に有無を尋ねる場合と，ないはず，いないはずの意を込める場合との二種類がある。
　Ⅱ　「ない？」「いない？」と否定形で尋ねる疑問文（否定疑問文）は，単純に

有無を尋ねる用法はなく，あるはずの意を込める用法の一種類である。

5.「いいんじゃない？」が肯定になる理由

　前節での観察結果によれば，否定疑問文には，あるはずの意，すなわち明示されている表現とは逆の判断が込められていることになる。とすると，「いいんじゃない？」という否定疑問文には，「いい」という肯定的答えが予想されているということになる。

　　　留学生　　　　　「これでいいでしょうか？」
　　　日本人指導教官　「それでいいんじゃない？（いいはずだ。君もそう思うだ
　　　　　　　　　　　　ろう。ぼくもそう思うのだ。）」

2節で紹介した会話の深層を分析すれば，上記のようになる。留学生と日本人指導教官との行き違いは，否定疑問文の含みを理解しえなかったゆえの誤解であったということになる。否定疑問文の本質は，実は，肯定的答えを省略した，省略表現なのであった。

　日本語には，ウナギ文など省略表現が多い。そのため，日本語を正確に理解するためには，言語化されずに省略された表現を読み取る必要がある。かなり高度な言語能力が要求されるのである。

　日本語の曖昧さの多くは，省略表現に起因する。誤解を避けるためには，日本人の側でも，このことを自覚する必要があるだろう。

　また，

　　　留学生　　　　　「これでいいでしょうか？」
　　　日本人指導教官　「それでいい。」

という会話が実現しにくいのは，肯定的判断は，判断の一方的押しつけになり，礼を失すると考えられがちだという，日本語話者の配慮があるからである。指導者と被指導者という人間関係であれば，判断を押しつけることはあっていいことなのであるが，日本人は，通常，自分の判断の押しつけを避けるよう無意識に努力している。このような習性が，つい出てしまうのであろう。

　「それでいい」という判断は，相手の判断を勘定に入れない表現，「それでいいんじゃない？」は，相手の判断を勘定に入れた表現という差があるのであった。

■ 発展問題

(1) 次のA・Bの表現の含み相違について考えてみよう。
　① A　長さが5メートルある？
　　 B　長さが5メートルない？
　② A　出発まで時間ある？
　　 B　出発まで時間ない？
　③ A　あなたは，外国で生活したことがありますか？
　　 B　あなたは，外国で生活したことがありませんか？
　④ A　箱に，危険と書いてある？
　　 B　箱に，危険と書いてない？
　⑤ A　昨日，先生からお父さんに電話があった？
　　 B　昨日，先生からお父さんに電話がなかった？
　⑥ A　彼は，今病床にあるの？
　　 B　彼は，今病床にないの？
　⑦ A　勉強部屋に，子供がいるの？
　　 B　勉強部屋に，子供がいないの？
　⑧ A　お姉さんご夫婦にはお子さんがいるの？
　　 B　お姉さんご夫婦にはお子さんがいないの？

(2) 次の各文は「ウナギ文」と呼ばれる文である。どのような場面での発話か，またどのような表現が省略されているか，考えてみよう。答えは，複数ある。
　① 私は，コーヒー。
　② 姉は男で，妹は女です。
　③ 鈴木君はニューヨークですが，ぼくは，パリです。
　④ 父は会社で，母は買い物で，兄は大学です。
　⑤ 私は，栃木県です。

(3) 次の表現の曖昧さはどのようなことに起因するか，考えてみよう。
　① お肉300gほど下さい。
　② 彼が有名な松坂投手のお父さんです。
　③ 先生と手を握っている春子と夏子。
　④ 母は泣きながら汽車に乗る秋子を見送った。
　⑤ 演習は冬木先生の研究室の方で行います。

⑥　お料理は全部食べられませんでした。
⑦　無いものは無い。
⑧　山田君のように馬鹿なことをしない人を求めている。
⑨　大きな栗の木の下
⑩　母が恋しいと思う人

■ 参考文献

1) 池上嘉彦「意味の体系と分析」(『岩波講座 日本語 9 語彙と意味』1977)
2) 古座暁子「尋ねる文」(「教育国語」79号，明治図書，1984)
2) 田野村忠温『現代日本語の文法Ⅰ』(和泉書院，1990)
3) 森山卓郎・安達太郎『文の述べ方』(くろしお出版，1996)
4) 井上　優「疑問表現」(小池清治他編『日本語学キーワード事典』朝倉書店，1997)

第6章　なぜ，「安くておいしい店」と言い，「おいしくて安い店」とは言わないのか？

【文法・形容詞】

キーワード：形容詞の語順・ク活用形容詞・シク活用形容詞・必然的十分条件・偶然的必要条件

1.「遠く悲しき別れ」(『土佐日記』)

紀貫之（きのつらゆき）は，旅先で死去した幼児（おさなご）を悼む次の和歌を末尾に据えて，『土佐日記（とさにっき）』一巻を閉じている。

　　見し人の松の千歳（ちとせ）に見ましかば遠く悲しき別れせましや

　　（亡くなったあの子を松の千歳にあやかって長生きするものかと見たかった。そうだったらなんでこんなに遠く，悲しい別れをするものか。）

　　忘れがたく，口惜（くちを）しきこと多かれど，え尽くさず。とまれかうまれ，とく破（や）りてむ。

　　　　菊地靖彦（きくちやすひこ）校注・訳『土佐日記』(小学館，新編日本古典文学全集, 1995)

この和歌の含み，紀貫之が『土佐日記』一巻を著述したことの意味などについては，別に論じたところであり，著者は，上記の現代語訳を全面的に正しいものとは考えていない[注1]。しかし，今はそのことは置いて，本章では「遠く悲しき別れ」という表現の語順について，考えてみることにする。

問題になる表現は，和歌の第4句を構成するので，7音節であることが期待される。したがって，和歌の音数律だけから言えば，AでもBでも差し支えない。

　A　遠く（3音節）　悲しき（4音節）　別れ
　B　悲しく（4音節）　遠き（3音節）　別れ

貫之はなぜ，Aの語順を採用しているのであろうか。

注1) 小池清治『日本語はいかにつくられたか？』Ⅱ「和文の創造 紀貫之」(ちくま学芸文庫，筑摩書房，1995)

2.「遠き別れ」の意味

ところで，「遠く悲しき別れ」という表現は，「遠き別れ」と「悲しき別れ」とをまとめて表現したものである。したがって，「遠く」は連用形というよりも，「並列形」といったほうが適切である。

語順を考える前に，片付けておくべき問題がある。「悲しき別れ」については論ずるまでもないであろう。「別れ」というものはどのような場合でも悲しみが伴うものだ。論ずるべきは「遠き別れ」である。「遠き別れ」とはなにを意味するのであろうか。

『拾遺集』・別・三三四　清原　元輔(きよはらのもとすけ)

　　肥後守(ひごのかみ)にて清原元輔くだりはべりけるに，源満中餞(せん)し侍(はべ)りけるに，かはらけとりて　いかばかり思ふらむとか思ふらん老いて別るるとほきわかれを

『続後拾遺集』・離別・五三七　よみびとしらず

　　あづまへまかりける時，人の別れ惜しみけるに詠(よ)める
　　おなじ世と思ひなしてもなぐさまず都の外(ほか)のとほき別れは

上の例から明らかなように，「遠き別れ」とは，遠く離れた遠隔の地に赴く(おもむ)ことによる別離のことである。

島崎藤村(しまざきとうそん)の絶唱「高楼」(たかどの)(『若菜 集』(わかなしゅう))の一節も，この意味を伝える用例である。

妹	姉
とほきわかれに	わかれといへば
たへかねて	むかしより
このたかどのに	このひとのよの
のぼるかな	つねなるを
かなしむなかれ	ながるるみづを
わがあねよ	ながむれば
たびのころもを	ゆめはづかしき
ととのへよ	なみだかな　　(以下省略)

3.「遠く悲しき別れ」と「悲しく遠き別れ」との相違

話題を語順の問題にもどす。

『土佐日記』の和歌を，文節に区切り，その音節を数えてみると，次のようになる。

　　見し／人の／松の／千歳(ちとせ)に／見ましかば／遠く／悲しき／別れ／せましや
　　　2　　3　　3　　　4　　　　5　　　3　　4　　3　　4

これをBのように語順を変えてみると，次のようになる。

　　見し／人の／松の／千歳(ちとせ)に／見ましかば／悲しく／遠き／別れ／せましや
　　　2　　3　　3　　　4　　　　5　　　4　　3　　3　　4

下句(しものく)に限って言えば，Aは「3／4,3／4」になり，Bは「4／3,3／4」になる。口調(くちょう)はAの方がいい。

次に，意味的関係について検討してみる。

Aの「遠く悲しき別れ」であれば，「遠き別れ」であるから，ことさら「悲しき別れ」ということになる。「遠く」は，単に並列関係を構成するだけではなく，条件句とも解釈できる。

一方，Bの「悲しく遠き別れ」であれば，「悲しく」思われる，「遠き別れ」というものということになる。「悲しく」は条件句にはなりえず，修飾句になる。

どちらでもよさそうであるが，意味的どおり，論理性という点でAの方が優れている。口調，意味的関係，論理性，いずれの点をとっても「遠き悲しき別れ」の方が優れているという結果になった。

4.「ク活用形容詞」と「シク活用形容詞」の語順——一般則は「ク活用＋シク活用」——

観点を変えて，活用という形態面に目を向けると，「遠し」はク活用，「悲し」はシク活用となる。

ク活用の形容詞には，「遠し・近し・長し・短し・高し・低し」など，形状を表す形容詞が多く属し，シク活用の形容詞には，「悲し・嬉(うれ)し・楽し・苦し・侘(わび)し」など感情を表す形容詞が多く属している。

一般に，ク活用形容詞とシク活用形容詞とが並列関係を構成する場合には，ク活用形容詞が前項となり，シク活用形容詞が後項となる。

おほやけ私の人のたたずまひ，よきあしき事の目にも耳にもとまるありさ
まを……　　　　　　　　　　　　　　　　　　　　（『源氏物語』帚木）
さぶらふ人々につけて，心かけきこえたまふ人，たかきいやしきもあまた
あり。　　　　　　　　　　　　　　　　　　　　（『源氏物語』澪標）
なほあるをばよしともあしともかけたまはず。　　　（『源氏物語』螢）
よそのさし離れたらむ人にこそ，よしともあしとも覚えられたまはめ。
　　　　　　　　　　　　　　　　　　　　　　　　（『源氏物語』東屋）
さすがに心はづかしき人，いとにくくむつかし。（『枕草子』にくきもの）
若くよろしき男の，下衆女の名呼び馴れて言ひたるこそにくけれ。
　　　　　　　　　　　　　　　　　　　　（『枕草子』若くよろしき男の）
みな人々詠み出だして，よしあしなど定めらるるほどに……
　　　　　　　　　　　　　　　　　　　　（『枕草子』五月の御精進のほど）
御前に人々いと多く，上人などさぶらひて，物語のよきあしき，にくき
所々をぞ定め，言ひそしる。　　　　　（『枕草子』かへる年の二月二十よ日）

　この点においても，Aの「遠く悲しき別れ」は一般則にかなっているということになる。ただし，「ク活用形容詞＋シク活用形容詞」というのは，並列関係の場合の一般則であり，絶対的な拘束力のある規則ではない。たとえば，
　　今は持て来ぬらむかし，あやしう遅きと待つほどに……
　　　　　　　　　　　　　　　　　　　　　　（『枕草子』すさまじきもの）
　　すこし老いて，物の例知り，おもなきさまなるも，いとつきづきしくめやすし。　　　　　　　　　　　　　　　　　　　（『枕草子』主殿司こそ）
など，「シク活用形容詞＋ク活用形容詞」の語順のものも少なくない。ただし，これらの場合は，純粋に並列関係にあるとはみなしがたく，修飾用法と考えるべきものであるかもしれない。
　また，「いみじ」という形容詞はシク活用であるが，程度を表す語であるため，ク活用形容詞・シク活用形容詞の区別なしに他の形容詞の前に位置する。
　　さるかたには，いみじうらうたきわざなりけり。　（『源氏物語』若紫）
　　蔵人のいみじく高く踏みごほめかして……（『枕草子』殿上の名対面こそ）

朝倉日本語講座〈全10巻〉
北原保雄監修／最新の研究成果に基づく高度な内容を平易に論述

1. 世界の中の日本語
北原保雄・早田輝洋編
A5判 270頁〔近刊〕(51511-1)

〔内容〕諸言語の音韻と日本語の音韻／諸言語の語彙・意味と日本語の語彙・意味／諸言語の文法と日本語の文法／諸言語の文字と日本語の文字／諸言語の敬語と日本語の敬語／諸言語の方言と日本語の方言／日本語の系統／日本語教育／他

2. 文字・書記
林 史典編
A5判 264頁 定価4725円(本体4500円)(51512-X)

〔内容〕日本語の文字と書記／現代日本語の文字と書記法／漢字の日本語への適応／表語文字から表音文字へ／書記法の発達(1)(2)／仮名遣いの発生と歴史／漢字音と日本語(呉音系,漢音系,唐音系字音)／国字問題と文字・書記の教育／他

3. 音声・音韻
上野善道編
A5判 304頁 定価4830円(本体4600円)(51513-8)

〔内容〕(現代日本語の)音声／(現代日本語の)音韻とその機能／音韻史／アクセントの体系と仕組み／アクセントの変遷／イントネーション／音韻を計る／音声現象の多様性／音声の生理／音声の物理／海外の音韻理論／音韻研究の動向と展望／他

4. 語彙・意味
斎藤倫明編
A5判 304頁 定価4620円(本体4400円)(51514-6)

語彙・意味についての諸論を展開し最新の研究成果を平易に論述。〔内容〕語彙研究の展開／語彙の量的性格／意味体系／語種／語構成／位相と位相語／語義の構造／語彙と文法／語彙と文章／対照語彙論／語彙史／語彙研究史

5. 文法 I
北原保雄編
A5判 288頁 定価4410円(本体4200円)(51514-6)

〔内容〕文法について／文の構造／名詞句の格と副／副詞の機能／連体修飾の構造／名詞句の諸相／話法における主観表現／否定のスコープと量化／日本語の複文／普遍文法と日本語／句構造文法理論と日本語／認知言語学からみた日本語研究

6. 文法 II
尾上圭介編
A5判 320頁 定価4830円(本体4600円)(51516-2)

〔内容〕文法と意味の関係／文法と意味／述語の形態と意味／受身・自発・可能・尊敬／使役表現／テンス・アスペクトを文法史的にみる／現代語のテンス・アスペクト／モダリティの歴史／現代語のモダリティ／述語をめぐる文法と意味／他

7. 文章・談話
佐久間まゆみ編
A5判 320頁 定価4830円(本体4600円)(51517-0)

最新の研究成果に基づく高度な内容を平易に論述した本格的な日本語講座。〔内容〕文章を生み出す仕組み，文章の働き／文章・談話の定義と分類／文章・談話の重層性／文章・談話における語彙の意味／文章・談話における連文の意義／他

8. 敬語
菊池康人編
A5判 304頁 定価4830円(本体4600円)(51518-9)

〔内容〕敬語とその主な研究テーマ／狭い意味での敬語と広い意味での敬語／テキスト・ディスコースを敬語から見る／「表現行為」の観点から見た敬語／敬語の現在を読む／敬語の社会差・地域差と対人コミュニケーションの言語の諸問題／他

9. 言語行動
荻野綱男編
A5判 280頁 定価4725円(本体4500円)(51519-7)

〔内容〕日本人の言語行動の過去と未来／日本人の言語行動の実態／学校での言語行動／近隣社会の言語行動／地域社会と敬語表現の使い分け行動／方言と共通語の使い分け／日本語と外国語の使い分け／外国人とのコミュニケーション／他

10. 方言
江端義夫編
A5判 280頁 定価4410円(本体4200円)(51520-0)

方言の全体像を解明し研究成果を論述。〔内容〕方言の実態と原理／方言の音韻／方言のアクセント／方言の文法／方言の語彙と比喩／方言の表現,会話／全国方言の分布／東西方言の接点／琉球方言／方言の習得と共通語の獲得／方言の歴史／他

シリーズ〈日本語探究法〉
小池清治編集

1. 現代日本語探究法
小池清治著
A5判 160頁 定価2940円（本体2800円）(51501-4)

〔内容〕基礎から論文まで。「日本」は「にほん」か「にっぽん」か／ラ抜き言葉が定着するのはなぜか／「それでいいんじゃない？」はなぜ肯定になるのか／父親はいつから「オトウサン」になったのか／夏目漱石はなぜ「夏目漱石」と署名したのか／他

2. 文法探究法
小池清治・赤羽根義章著
A5判 168頁 定価2940円（本体2800円）(51502-2)

〔内容〕与謝野晶子は文法を知らなかったのか？／「言文一致体」は言文一致か？／『夢十夜』（漱石）は一つの文章か？／飛んだのはシャボン玉か？屋根か？／真に文を完結させるものはなにか？／日本語で一番短い文はなにか？／他

3. 音声・音韻探究法
湯澤質幸・松崎寛著
A5判 176頁 定価2940円（本体2800円）(51503-0)

〔内容〕音声と意味とはどういう関係にあるのか／美しい日本語とは何か／オノマトペとは何か／外国人にとって日本語の発音は難しいか／五十音図は日本語の音の一覧表か／「バイオリン」か、「ヴァイオリン」か／他

4. 語彙探究法
小池清治・河原修一著
A5判 192頁 定価2940円（本体2800円）(51504-9)

〔内容〕「綺麗」と「美しい」はどう違うか／「男」の否定形は「女」か／「副食物」はフクショクブツか、フクショクモツか／『吾輩は猫である』の猫はなぜ名無しの猫なのか／「薫」は男か女か／なぜ笹の雪が燃え落ちるのか／他

5. 文字・表記探究法
犬飼隆著
A5判 164頁 定価2940円（本体2800円）(51505-7)

〔内容〕基礎から論文まで。「日本」は「にほん」か「にっぽん」か／ラ抜き言葉が定着するのはなぜか／「それでいいんじゃない？」はなぜ肯定になるのか／父親はいつから「オトウサン」になったのか／夏目漱石はなぜ「夏目漱石」と署名したのか／他

6. 文体探究法
小池清治・鈴木啓子・松井貴子著
A5判 200頁〔近刊〕(51506-5)

〔内容〕ナショナリズムがエクチュールを生んだか／『古今和歌集』「仮名序」は純粋な和文か／純粋な和文とは／『竹取物語』は本当に『伊勢物語』より新しいか／『土佐日記』は「日記」か「物語」か／『枕草子』のライバルは「史記」か／他

7. レトリック探究法
柳澤浩哉・中村敦雄・香西秀信著
A5判 168頁 定価2940円（本体2800円）(51507-3)

〔内容〕事実は「配列」されているか／グルメ記事はいかにして読者を魅了しているか／人は何によって説得されるか／環境問題はなぜ注目されるのか／感情は説得テーマとどうかかわるか／言葉は「文字通りの意味」を伝達するか／他

8. 日本語史探究法
小林賢次・梅林博人著
A5判 164頁 定価2940円（本体2800円）(51508-1)

〔内容〕「古代語」から「近代語」へは、いつどのように変わったのか／古代語で9種類あった動詞の活用形式が現代語ではなぜ5種類になったのか／「係り結び」は現代語ではなぜなくなったのか／芭蕉の「旅」は現代の「旅」と同じか／他

9. 方言探究法
森下喜一・大野眞男著
A5判 144頁 定価2940円（本体2800円）(51509-X)

〔内容〕方言はどのようにとらえられてきたか／標準語はどのように誕生したか／「かたつむり」の方言にはどんなものがあるのか／方言もアイウエオの5母音か／「橋」「箸」「端」のアクセントの区別は／「京へ筑紫に坂東さ」とは何のことか／他

概説 現代日本のことば
佐藤武義編著
A5判 180頁 定価2940円（本体2800円）(51027-6)

現代日本語は、欧米文明の受容に伴い、明治以降、語彙を中心に大きな変貌を遂げてきた。本書は現在までのことばの成長過程を概観する平易なテキストである。〔内容〕総説／和語／漢語／新漢語／外来語／漢字／辞書／方言／文体／現代語年表

朝倉漢字講座〈全5巻〉
漢字の種々相を最新の知見をとり入れ体系化

1. 漢字と日本語
前田富祺・野村雅昭編
A5判 280頁 定価5040円(本体4800円)(51531-6)

中国で生まれた漢字が日本で如何に受容され日本文化を育んできたか総合的に解説。〔内容〕漢字文化圏の成立／漢字の受容／漢字から仮名へ／あて字／国字／漢字と送り仮名／ふり仮名／漢字と語彙／漢字と文章／字書と漢字／日本語と漢字政策

3. 現代の漢字
前田富祺・野村雅昭編
A5判 264頁 定価5040円(本体4800円)(51533-2)

漢字は長い歴史を経て日本語に定着している。本巻では現代の諸分野での漢字使用の実態を分析。〔内容〕地名と漢字／人名と漢字／文学と漢字／書道と漢字／ルビと漢字／漢字のデザイン／若者と漢字／広告と漢字／マンガと漢字／クイズと漢字

5. 漢字の未来
前田富祺・野村雅昭編
A5判 264頁 定価5040円(本体4800円)(51535-9)

情報化社会の中で漢字文化圏での漢字の役割を解説。〔内容〕情報化社会と漢字／インターネットと漢字／多文字社会の可能性／現代中国の漢字／韓国の漢字／東南アジアの漢字／出版文化と漢字／ことばの差別と漢字／漢字に未来はあるか

朝倉国語教育講座〈全6巻〉
国語教育実践・研究のための羅針盤

1. 国語教育入門
倉澤栄吉・野地潤家監修
A5判 232頁 定価3675円(本体3500円)(51541-3)

国語科教育の基礎基本をQ&A形式で国語教師の自立に役立つよう実践例を解説。〔内容〕国語教室へようこそ／話したがりや、聞きたがりやの国語教室／書く喜びを分かち合う国語教室／文学に遊ぶ国語教室／説明・論説に挑む国語教室／他

3. 話し言葉の教育
倉澤栄吉・野地潤家監修
A5判 212頁 定価3360円(本体3200円)(51543-X)

相手とのコミュニケーションを取る上で必須の話し言葉の学習を実践例を示し解説。〔内容〕話し言葉学習の特質／話し言葉の教育の歴史的展望／話し言葉学習の機会と場／話し言葉学習の内容・方法・評価／話し言葉教育を支える教師の話し言葉

5. 授業と学力評価
倉澤栄吉・野地潤家監修
A5判 228頁 定価3360円(本体3200円)(51545-6)

国語科教育の進め方と学力評価の方法を実践例を通じて具体的に解説。〔内容〕国語科授業構築・研究の基本課題／国語科授業の成果と試行／原理と方法／構築と展開／集積と深化／評価研究の意義と方法／学習者把握をめざす評価の開発／他

言語の事典
中島平三編
B5判 760頁 定価29400円(本体28000円)(51026-8)

言語の研究は、ここ半世紀の間に大きな発展を遂げてきた。言語学の中核的な領域である音や意味、文法の深化ばかりでなく、周辺領域にも射程が拡張され、様々な領域で言語の学際的な研究が盛んになってきている。一方で研究は高度な専門化と多岐な細分化の方向に進んでおり、本事典ではこれらの状況をふまえ全領域を鳥瞰し理解が深められる内容とした。各章でこれまでの研究成果と関連領域の知見を紹介すると共に、その魅力を図表を用いて平明に興味深く解説した必読書

郷土史大辞典【上・下巻:2分冊】
歴史学会編
B5判 1952頁 定価73500円(本体70000円)(53013-7)

郷土史・地方史の分野の標準的な辞典として好評を博し広く利用された旧版の全面的改訂版。項目数も7000と大幅に増やし、その後の社会的変動とそれに伴う研究の深化、視野の拡大、資料の多様化と複合等を取り入れ、最新の研究成果を網羅。旧版の特長である中項目主義を継受し、歴史的拡大につとめ、生活史の現実を重視するとともに、都市史研究等新しく台頭してきた分野を積極的に取り入れるようにした。また文献資料以外の諸資料を広く採用。歴史に関心のある人々の必読書

図説人類の歴史〈全10巻〉
アメリカ自然史博物館監修 "The Illustrated History of Humankind" の翻訳

1. 人類のあけぼの（上）
G.ブレンフルト編　大貫良夫監訳　片山一道編訳
B4変判 144頁 定価9240円（本体8800円）(53541-4)

〔内容〕人類とは何か？／人類の起源／ホモ・サピエンスへの道／アフリカとヨーロッパの現生人類／芸術の起源／[トピックス]オルドワイ峡谷／先史時代の性別の役割／いつ言語は始まったか？／ネアンデルタール人／氷河時代／ビーナス像他

2. 人類のあけぼの（下）
G.ブレンフルト編　大貫良夫監訳　片山一道編訳
B4変判 144頁 定価9240円（本体8800円）(53542-2)

〔内容〕地球各地への全面展開／オーストラリアへの移住／最初の太平洋の人々／新世界の現生人類／最後の可住地／[トピックス]マンモスの骨で作った小屋／熱ルミネッセンス年代測定法／移動し続ける動物／誰が最初のアメリカ人だったか？他

3. 石器時代の人々（上）
G.ブレンフルト編　大貫良夫監訳　西秋良宏編訳
B4変判 144頁 定価9240円（本体8800円）(53543-0)

〔内容〕偉大なる変革／アフリカの狩猟採集民と農耕民／ヨーロッパ石器時代の狩猟採集民と農耕民／西ヨーロッパの巨石建造物製作者／青銅器時代の首長制とヨーロッパ石器時代の終焉／[トピックス]ナトゥーフ文化／チロルのアイスマン他

4. 石器時代の人々（下）
G.ブレンフルト編　大貫良夫監訳　西秋良宏編訳
B4変判 144頁 定価9240円（本体8800円）(53544-9)

〔内容〕南・東アジア石器時代の農耕民／太平洋の探検者たち／新世界の農耕民／なぜ農耕は一部の地域でしか採用されなかったのか／オーストラリア－異なった大陸／[トピックス]良渚文化における新石器時代の玉器／セルウィン山脈の考古学他

5. 旧世界の文明（上）
G.ブレンフルト編　大貫良夫監訳　西秋良宏編訳
B4変判 144頁 定価9240円（本体8800円）(53545-7)

〔内容〕メソポタミア文明と最古の都市／古代エジプトの文明／南アジア文明／東南アジア文明／中国王朝／[トピックス]最古の文字／ウルの王墓／太陽神ラーの息子／シギリヤ王宮／東南アジアの巨石記念物／秦の始皇帝陵／シルクロード他

6. 旧世界の文明（下）
G.ブレンフルト編　大貫良夫監訳　西秋良宏編訳
B4変判 144頁 定価9240円（本体8800円）(53546-5)

〔内容〕地中海文明の誕生／古代ギリシャ時代／ローマの盛衰／ヨーロッパの石器時代／アフリカ国家の発達／[トピックス]クノッソスのミノア神殿／古代ギリシャの壺彩色／カトーの農業機械／アングロサクソン時代のイングランド地方集落他

7. 新世界の文明（上）―南北アメリカ・太平洋・日本―
G.ブレンフルト編　大貫良夫監訳・編訳
B4変判 144頁 定価9660円（本体9200円）(53547-3)

〔内容〕メソアメリカにおける文明の出現／マヤ／アステカの誕生／アンデスの諸文明／インカ族の国家／[トピックス]マヤ文字／ボナンパクの壁画／メンドーサ絵文書／モチェの工芸品／ナスカの地上絵／チャン・チャン／インカの織物他

8. 新世界の文明（下）―南北アメリカ・太平洋・日本―
G.ブレンフルト編　大貫良夫監訳・編訳
B4変判 144頁 定価9660円（本体9200円）(53548-1)

〔内容〕日本の発展／南太平洋の島々の開拓／南太平洋の石造記念物／アメリカ先住民の歴史／文化の衝突／[トピックス]律令国家と伊豆のカツオ／草戸千軒／ポリネシア式遠洋航海カヌー／イースター島／平原インディアン／伝染病の拡大他

ISBN は 4-254- を省略　　　　　（定価・本体価格は2005年5月20日現在）

朝倉書店
〒162-8707　東京都新宿区新小川町6-29
電話　直通(03) 3260-7631　FAX(03) 3260-0180
http://www.asakura.co.jp　eigyo@asakura.co.jp

形容詞の語順について考える場合，意味や用法が関与するので，文法レベル・形態面からだけで，語順を考えることは無理である。

5. 紫式部の形容詞・形容動詞の四連続技(わざ)—心理的生起順序が形容詞の語順—

紀貫之の「遠き悲しき別れ」は形容詞を二つ重ねた表現であるが，紫式部は，形容詞・形容動詞を四語重ねるという大技を『源氏物語』「薄雲(うすぐも)」の巻で披露している。

夜居(よい)の僧都(ぞうず)が冷泉帝(れいぜいてい)に出生の秘密，母宮藤壺(ははみやふじつぼ)と光源氏(ひかるげんじ)の不倫という秘密の大事を告げ，冷泉帝が受けた衝撃を叙述する部分である。

「……そのうけたまはりしさま」とて，くはしく奏するを聞こしめすに，あさましうめづらかにて，恐ろしうも悲しうも，さまざまに御心乱れたり。

(『源氏物語』薄雲)

真実を打ち明けられた冷泉帝は，まず「あさましう」と信じがたい衝撃を体全体(からだ)で受け止めてうろたえ，ついで，「めづらかに」(めったにない事だ)と瞬時に頭で知的に計量し，「恐ろしう」と心で倫理・道徳的に判断して震え上がり，最後に，人間としてのやりきれなさと諦(あきら)めとを感じ，心底(しんそこ)「悲しう」とうちひしがれる。

こういう心理の，意識の流れのスローモーション撮影を思わせる細密描写は形容詞・形容動詞の連続使用によりのみ達成されるのであろうが，今日の散文ではめったにお目にかかれない表現技法である。素朴と言えば素朴なのだが，紫式部の筆で表されてみると，これ以上に的確な表現は考えられないかもしれないと思わされる。

ところで，語順の問題として，この表現を分析すれば，表現者の心に生起した順序を語順は反映するということになるだろう。

日本語の形容詞の語順は言語の側からの強制的支配を受けない。表現者の心の中の生起の順序により支配されるということが言えそうである。

前節で述べた「ク活用形容詞＋シク活用形容詞」という一般則も実は結果的，統計的事実に過ぎないと言うことができそうである。「遠く悲しき別れ」も，紀貫之の心の中で，まず「遠き別れ」だと認識され，ついで，それはどうしようも

なく「悲しき別れ」だと感じられたという心理状態の推移をすなおに反映したものと読み解くべきものなのであろう。

6. 現代日本語の形容詞の語順—— 一般則は「複雑な構造の表現＋単純な構造の表現」——

英語における形容詞の語順は，言語の側からの強制的支配を受ける。すなわち，文法的規則として語順が存在する。たとえば，日本の高校生向けのグラマーの教科書では，次のように記述されている。

複数の形容詞の語順　数量→大小→形→性質→新旧→色→材料・国籍

① They found many old colorful pots in the cave.
　　（彼らは洞くつで，色鮮やかな古いつぼをたくさん見つけました。）
② They dug up a lot of precious Spanish treasures on the island.
　　（彼らはその島で貴重なスペインの財宝をたくさん掘り出しました。）[注2]

形容詞がいくつか重なる場合には，修飾する名詞の本質に関係の深いものほど名詞の近くに置かれる傾向がある。次のような順が普通である。

　┌冠詞　　　　　　　　　　　　　┌大小・形→新旧→色　　┌国籍＋名詞
　│　　　⇒ 数量 ⇒ 主観的な形容詞 ⇒│　　　　　　　　　 ⇒│
　└代名詞　　　　　　　　　　　　└性状　　　　　　　　　└材質

③ I have a little red Italian car.
　　（私は小さな赤いイタリア製の車を持っています。）
④ Look at these two beautiful round brown oak tables.
　　（この二つの美しい丸い褐色のオーク材のテーブルをごらんなさい。）[注3]

これに対して，現代日本語の形容詞の語順は，前節までで検討した古代日本語の形容詞の語順と同様に，原則として心理的生起の順序に支配され，文法的支配を受けない。そのことは，対訳としてつけられた日本語を観察すれば納得することであろう。

紙幅の関係で①だけを対象とする。

① They found many old colorful pots in the cave.
   a 彼らは洞くつで，色鮮やかな古いつぼをたくさん見つけました．
   b 彼らは洞くつで，たくさんの古い色鮮やかなつぼを見つけました．
   c 彼らは洞くつで，古いたくさんの色鮮やかなつぼを見つけました．
   d 彼らは洞くつで，古い色鮮やかなたくさんのつぼを見つけました．

　aは教科書に記載されている対訳で，日本語としては最もこなれたものである。数量詞「many」は副詞「たくさん」として訳出されている。b以下の「たくさんの」と比較し，直訳臭さがなく，スマートである。

　また，対訳は英文の「old colorful」の語順を逆転して「色鮮やかな古い」とするというきめこまやかな配慮も見せている。日本語の連体修飾構造部においては，**複雑な構造の表現は前に，単純な構造の表現は後に**という一般則があり，対訳の措置はこの一般則に則ったものである。

　しかし，この原則を破ったb・c・dが日本語として非文かというと，必ずしもそうとは言えない。cは，不自然さの度合が強いことは否めないが，それですら，可能性としては認められる。bは，「たくさん」あることを強調した表現，c・dは「古い」ものであることを強調した表現なのである。

　一方，英語では，
  ＊ They found old many colorful pots in the cave.
  ＊ They found colorful many old pots in the cave.
  ＊ They found colorful old many pots in the cave.
　　（＊は非文の意)。
などは，非文になる。

　英語の語順はきわめて固定的で，文法により強制的に支配されている。これに対して，日本語の語順はきわめて自由であり，語順は強調という修辞的機能を担っている。

　言い換えると，英語でプロミネンスという音声表現で強調するところを，日本語は語順によって強調しているのである。

注2)『Unicorn Grammar-Based English Composition ⅡC』(文英堂，1989)。
注3) 綿貫陽著，マークF.ピーターセン英文校閲『シリウス総合英語』(旺文社，1997)。

7.「安くておいしい店」と「おいしくて安い店」の相違

　日本語の形容詞の語順は心理的生起の順序を反映するものであり，文法的に強制的支配を受けないのであるが，実際の表現としては，より自然な言い方と感ずるものと，不自然な言い方と感ずるものとがあるのも事実である。これは，なにを意味するのであろうか。標記の問題に限定して考えてみる。

　まず，「安くておいしい」は，「ク活用形容詞＋シク活用形容詞」の一般則に合致したものである。この点で，この表現は安定感があるということになる。

　次に，心理の点から考えてみると，私たちは，まず財布を心配し，安いか高いかを考えるようだ。そして，次に，おいしいか，まずいかという味の問題になる。どうも，いじましさがある。リッチな人やグルメなら，「おいしくて安い店」と言うのが自然なのかもしれない。

　ところで，「安い」と「おいしい」は表現構造の複雑度という点では，ともに「語」であるから等しい。表現構造の複雑度を異にする場合は，どうであろうか。

　A　安くてメニューが豊富な店
　B　メニューが豊富で安い店

　表現構造の複雑なものが前，単純なものが後という一般則に照らし合わせると，Bがより自然な表現ということになるが，著者には，Aもきわめて自然な日本語と感じられる。恥ずかしながら，著者は，そうといじましい人間であるようだ。

8.「高くて買えない。」が言えて，「安くて買える。」が言えない理由

　形容詞の語順の問題からははずれるが，形容詞に関連して，言える言えないの問題に言及しておく。

　「高くて」は，前節まで考察してきた，並列表現ではなく，条件表現である。「高い」すなわち，可処分所得を超えた価格であれば買うことは常に不可能であり，「高くて」は「買えない」ことの必然的十分条件となる。一方，「安くて」も条件表現なのだが，「買える」ことの必然的十分条件にはなりえない。安ければ必ず買うとは限らないからである。

　また，おなじ条件表現でも，「安いので／から買える。」というように，「ので／から」を用いた条件表現の場合は，言える。「高くて」の「て」は必然的十

分条件を表す形式であるのに対して、「ので／から」は、偶然的必要条件を表す形式だからである。

暗くて見えない。	＊明るくて見える。	明るいので見える。
まずくて食えない。	＊おいしくて食える。	おいしいので食える。
小さくて着られない。	＊大きくて着られる。	大きいので着られる。
狭くて入れない。	＊広くて入れる。	広いので入れる。
浅くて泳げない。	＊深くて泳げる。	深いので泳げる。

■ 発展問題

(1) 次の各表現について、考えてみよう。
　　A　小さな　赤い　イタリア製の　車
　　B　小さな　イタリア製の　赤い　車
　　C　赤い　小さな　イタリア製の　車
　　D　赤い　イタリア製の　小さな　車
　　E　イタリア製の　小さな　赤い　車
　　F　イタリア製の　赤い　小さな　車

① 最も自然と感じる表現はどれか。
② 音節という観点でA～Fを整理してみると、次のようになる。そのことと、①の結果とは関係があるかどうか考えてみよう。
　　「小さな」(4音節)　　「赤い」(3音節)　　「イタリア製の」(7音節)
　　a　4＋3＋7
　　b　4＋7＋3
　　c　3＋4＋7
　　d　3＋7＋4
　　e　7＋4＋3
　　f　7＋3＋4
③ 表現構造の観点から見ると、「赤い」＝語・形容詞、「小さな」＝語・連体詞、「イタリア製の」＝文節・名詞句である。このことと①の結果とは関係があるかどうか考えてみよう。
④ 接続助詞「て」と「ので」による条件表現の相違について、調べてみよう。

■ 参考文献

1) 佐伯哲夫『現代日本語の語順』(笠間書院, 1975)
2) 小林賢次『日本語条件表現史の研究』(ひつじ書房, 1996)
3) 小池清治『現代日本語文法入門』(ちくま学芸文庫, 筑摩書房, 1997)
4) 佐伯哲夫『要説 日本語の語順』(くろしお出版, 1998)
5) 小池清治「形容詞の語順」(「月刊言語」Vol. 29, No. 9, 2000)

第7章 「全然，OK。」は，全然許されないか？

【文法・日本語の変遷・副詞】

キーワード：情態副詞・程度副詞・呼応副詞（陳述副詞）

1. 日本語の濫れ

　日本語の濫れが問題にされる時，第一に槍玉にあげられるのが，敬語の濫れ，ラ抜き言葉，そして「全然」の用法の三つである。本章では，「全然」の問題について考えてみる。

　「全然」の用法で濫れと指摘されるのは，標題とした「全然，OK。」などのように，打消表現や否定的な語を伴わない「全然」を若者が多用するという現象である。

　「全然」という呼応副詞は，打消表現と呼応するのが規範的使用法なのであろうか。まず，辞書で確認しておく。

A　『大辞林』（第二版，松村明編者，三省堂，1999）
　　ぜんぜん【全然】㊀（副）①（打ち消し，または「だめ」のような否定的な語を下に伴って）一つ残らず。あらゆる点で。まるっきり。全く。「雪は──残っていない」「金は──ない」「──だめだ」②あますところなく。ことごとく。全く。「一体生徒が──悪いです／坊っちゃん漱石」「母は──同意して／何処へ白鳥」③（話し言葉での俗な言い方）非常に。とても。「──いい」㊁（ト　タル）文形動タリすべてにわたってそうであるさま。「実に──たる改革を宣言せり／求安録鑑三」

B　『日本国語大辞典』（日本大辞典刊行会編，小学館，1974）

ぜんぜん【全然】㊀((形動タリ))余すところのないさま。全くそうであるさま。＊百一新論〈西周〉下「陸象山から血筋を引いた陽明に至っては程朱にも輪を掛けた全然たる教門でござって」＊野分〈夏目漱石〉五「芸妓，紳士，通人から耶蘇孔子釈迦を見れば全然（ゼンゼン）たる狂人である」
㊁((副))①残るところなく。すべてにわたって。ことごとく。すっかり。全部。＊諷誡京わらんべ〈坪内逍遥〉二「利子と結髪（ゆひなづけ）の一条の如きは，全然（ゼンゼン）破談なりと思ふてくれよ」＊牛肉と馬鈴薯〈国木田独歩〉「僕は全然（ゼンゼン）恋の奴隷（やっこ）であったから」＊それから〈夏目漱石〉一五「腹の中の屈托は全然（ゼンゼン）飯と肉に集注してゐるらしかった」＊橇〈黒島伝治〉「彼は戦争することなどは全然秘密にしてゐた」＊椎の若葉〈葛西善蔵〉「全然の責任を負って呉れて僕とおせいの一族との中に這入ってくれてる」②（下に打消を伴って）ちっとも。少しも。＊吾輩は猫である〈夏目漱石〉五「全然似寄らぬマドンナを双幅見せろと逼ると同じく」＊不良児〈葛西善蔵〉「全然そんな心あたりがないのです」＊自由学校〈獅子文六〉夏の花咲く「社の同僚や，京大同級の友人たちの許（もと）も打診してみたが，全然，立ち廻った形跡はなかった」③（口頭語で肯定表現を強める）非常に。「ぜんぜんすてき」「ぜんぜんいかす」

　Aでは，「③（話し言葉での俗な言い方）」として，Bでは，「③（口頭語で肯定表現を強める）」として，打消表現や否定的な語と呼応しない「全然」を記述している。

　ところで，Aで言えば，②の例文にも打消表現や否定的な語が存在しない。これらと③とはどう異なるのであろうか。また，Bで言えば，①の例文も「打消」を伴っていない。これらと③とはどう異なるのであろうか。A・B二つの辞書とも，この点で明瞭ではない。

　打消表現や否定的語を伴わない「全然」の用法が，明治時代からあったとすれば，それは現代日本語の濫れとすることはできない。まず，打消表現や否定的語を伴わない「全然」の用例を検討することにより，濫れと言われる「全然」の用法について考察する。

2. 芥川龍之介の「全然」―情態副詞・程度副詞・呼応副詞（陳述副詞）―

　芥川龍之介の『羅生門』は，教科書古典とも称され，どの高等学校用国語教科書にも教材として採用されている。したがって，次の用例は多くの高校生の目に触れているはずのものである。

　①　これを見ると，下人は始めて明白にこの老婆の生死が，<u>全然</u>，自分の意志に<u>支配されてゐる</u>といふ事を意識した。
　②　さうして，又，さつきこの門の上へ上つて，この老婆を捕らへた時の勇気とは，<u>全然</u>，<u>反対な</u>方向に動かうとする勇気である。

　①の「全然」は「支配されてゐる」という動詞句に係っている。山田孝雄の用語を用いると，情態副詞の「全然」である。動詞・動詞句に係る副詞は原則として情態副詞になる。ただし，「違う・異なる・異にする」などに係る場合は，これらの意味がすでになんらかの情態を表しており，形容詞・形容動詞的であるため，次に述べる程度副詞になる。

　①の「全然」は，見るとおり，打消表現や否定的な語を伴わない。打消表現や否定的な語を伴わない「全然」が用いられることは，最近に始まったことではない。古くからあったのである。「全然」の用法の濫れが問題とされる今日，①の「全然」は注意するに価する。

　②の「全然」は「反対な」という形容動詞に係っている。同じく山田孝雄の用語を用いると，程度副詞の「全然」である。形容詞・形容動詞に係る副詞は程度副詞である。非存在を意味する形容詞「ない」や，否定的な意を表す接頭語「反――」「無――」「非――」「別――」などが付いた形容動詞，「反対」「無理」「だめ」など否定的な意味を表す語に係るもの，および前述した「違う」「異なる」「異にする」など情態を意味する動詞に係るものは程度副詞の「全然」となる。

　さて，②の「反対な」は「同じではない」という意味で，否定的な語であるから，この用例は現在の規範意識に合致した例と考えてよい。

　ところで，芥川龍之介の『戯作三昧』には，次の例がある。
　③　が，不幸にして近江屋平吉には，<u>全然</u>さういふ意味が<u>通じなかつた</u>ものらしい。

この例は、「通じなかつた」に係る例であり、打消表現と呼応する副詞である。打消の助動詞「ない」「ぬ」「ん」「ず」に前置される副詞は呼応副詞（陳述副詞）である。
　「全然」には、このように情態副詞・程度副詞・呼応副詞の用法がある。芥川の他の作品の用例を、この三種に区別する作業を次に行う。情態副詞の例にはAを、程度副詞の例にはBを、呼応副詞の例にはCを冠することにする。

『芋粥』
　A　が、彼等は、それを全然五位の悟性に、欠陥があるからだと、思つてゐるらしい。
　B　しかし、五位はこれらの揶揄に対して、全然 無感覚であつた。
『手巾』
　B　だから、先生はストリンドベルクが、簡勁な筆で論評を加へて居る各種の演習法に対しても、先生自身の意見といふものは、全然 ない。
『枯野抄』
　A　が、かうして愈末期の水をとつて見ると、自分の実際の心もちは全然その芝居めいた予測を裏切つて、いかにも冷淡に澄みわたつてゐる。
　A　しかも存外神経の繊弱な彼が、かういふ内心の矛盾の前に、全然落着きを失つたのは、気の毒ではあるが無理もない。
『トロツコ』
　B　が、彼はどうかすると、全然何の理由もないのに、その時の彼を思ひ出す事がある。
　B　全然何の理由もないのに？
『大導寺信輔の半生』
　B　信輔は全然母の乳を吸つたことのない少年だつた。
　B　尤も多少の幸福は彼にも全然 ない訣ではなかつた。
　B　少なくとも本に負う所の全然 ないものは一つもなかつた。
　B　しかしやはりこの標準にも全然例外のない訣ではなかつた。
『点鬼簿』
　B　こう云ふ僕は僕の母に全然面倒を見て貰つたことはない。

C　僕はなぜかこの姉に――全然僕の見知らない姉に或親しみを感じてゐる。

『玄鶴山房』
　B　が，四五日ゐるうちにそれは全然お嬢様育ちのお鈴の手落ちだつたのを発見した。
　B　が，全然関係のない重吉に何かと当たりがちだつた。

『河童』
　B　現に年をとつたバックの皿は若いチヤツクの皿などとは全然手ざわりも違ふのです。
　A　つまり彼らの滑稽と云ふ観念は我々の滑稽と云ふ観念と全然標準を異にしてゐるのでせう。
＊B　のみならず又ゲエルの話は哲学者のマツグの話のやうに深みを持つてゐなかつたにせよ，僕にも全然新しい世界を，――広い世界を覗かせました。

　『羅生門』『戯作三昧』の例も数に入れて数えてみると次のようになる。
　　A（情態副詞）5例　　B（程度副詞）13例　　C（呼応副詞）2例　計20例
　　　　25％　　　　　　　　　65％　　　　　　　　　　　　10％

　打消の助動詞と呼応する例は2例で，全体の10％に過ぎない。逆に，打消表現や否定的な語を伴わない例は5例で25％を占める。これらを，規範に合わない表現とすることには無理があろう。
　ただし，65％と大半を占める程度副詞の「全然」のうち，非存在を表す「ない」に係るものが9例，45％を占めている。これは顕著な傾向としてよい。「全然」があると「……ない」が来るという表現上の傾向が芥川にも認められる。ただし，この「ない」は打消の助動詞ではなく，非存在を表す形容詞の「ない」であることは留意しておく必要がある。
　また，『河童』の「全然新しい世界」は，今日濫れとされている表現と同質の表現であることは注目に価する。

3. 副詞の用法拡大の方向性――情態副詞→程度副詞→呼応副詞――

　日本語の副詞の特徴の一つとして，多義・多用法ということがある。語形は一つでも，同じ働きをしているとは限らない。

まず、「ちょっと」という副詞について見てみよう。

「ちょっと」の当て漢字は「一寸」である。わずかな分量を意味する。

　a　ちょっと飲むだけですよ。／ちょっと眠ったら、元気になった。

動詞に係る場合、分量を表す。分量は情態の一種であるから、情態副詞としてよい。

　b　ちょっとうるさいね。／この部屋、ちょっと暑いな。／ちょっと洒落た喫茶店

形容詞・形容動詞は情態を表しているので、「ちょっと」が情態を表すことはない。この場合は、形容詞・形容動詞や状態を表す動詞などが意味する情態の程度を表す。程度副詞ということになる。

　c　この説明でわかりますか。ううん、ちょっとわからないよ。

この「ちょっと」は、打消の助動詞「ない」と呼応している。呼応の副詞である。語源的要素や意味の派生的観点からすると、情態副詞、程度副詞、呼応副詞の順序で発達したと考えるのが穏当であろう。

次に、「まるで」について見ておく。

「まるで」は、現代語としては、

　a　まるで夢のようだ。／まるでお姫様みたいだ。

のように、比況の助動詞と呼応する用法や、

　b　まるでわからない。／まるではっきりせん。

のように、打消の助動詞と呼応する用法など、もっぱら呼応副詞として用いられている。しかし、江戸時代以降の用例などを検討すると、情態副詞の用法や程度副詞の用法があったことがわかる。実例により確認する。

　①　丸で勝た将棋だァ．
　②　丸で塩町の気で語りをるから……　　　（以上、『浮世風呂』、情態副詞）
　③　ざん切りあたまを。まるでぐるぐる剃って……
　　　　　　　　　　　　　　　　　　　　　（『西洋道中膝栗毛』、情態副詞）
　④　MARU－De …… ── chigau, entirely different
　　　　　　　　　　　　　　　　　　　（『和英語林集成』、程度副詞）
　⑤　MARU－DE …… ── nomu, to swallow it whole

(『和英語林集成』，情態副詞)

「まるで」も，元来は情態副詞として用いられ，やがて程度副詞となり，最終的に呼応副詞の用法を発達させている。そして，否定との呼応は明治時代に発達し，現代では，比況との呼応が優勢となるという変遷を示している。

4. 森鷗外・夏目漱石・志賀直哉・太宰治の「全然」の用例および今日的用法の例

打消表現や否定的な語を伴わない「全然」が古くから存在したことを論拠として，芥川龍之介の例だけでは説得力を欠くので，森鷗外・夏目漱石・志賀直哉・太宰治の例により補足しておく。

森　鷗外
A　妻を迎えて一家団欒の楽しみを得ようとして，全然失敗した博士も……
(『半日』)

B　それに対しては，純一は全然indefferentである。　　　(『青年』)

『半日』は鷗外最初の言文一致体の作品，『青年』は漱石の『三四郎』を強く意識しての作品，この2作品の2例のみである。鷗外にとって，「全然」は新しい，口頭語と意識されていたようである。

	A（情態副詞）	B（程度副詞）	C（呼応副詞）	計
半　日	1	0	0	1
青　年	0	1	0	1
計	1	1	0	2
％	50％	50％	0％	

例が少なく，なんとも言い難いが，Cの用例がないのが印象的である。

夏目漱石
C　ラフアエルに寸分違はぬ聖母の像を二枚かけと注文するのは，全然似寄らぬマドンナを双幅見せろと逼ると同じく……。

A 人間の用うる国語は全然模倣主義で伝習するものである。

(以上，『吾輩は猫である』)

B 私は教頭及びその他諸君の御説には全然不同意であります。

(『坊つちやん』)

	A（情態副詞）	B（程度副詞）	C（呼応副詞）	計
吾輩は猫である	1	3	2	6
坊つちやん	0	2	0	2
草　枕	2	0	1	3
虞美人草	1	3	0	4
三四郎	2	2	0	4
それから	4	1	0	5
門	1	0	0	1
彼岸過迄	3	0	1	4
行　人	3	0	1	4
こころ	0	1	0	1
明　暗	1	4	2	7
計	18	16	7	41
％	43.9％	39.0％	17.0％	

A（情態副詞）の比率が高く，芥川龍之介よりやや古い使用法と思われる。漱石の用例のうち，今日的な用法のものを以下に示しておく。

B 小野は全然わがもので，調戯面にあてつけた二人の悪戯は何の役にもたたなかつた。　　　　　　　　　　　　　　　　　　　　　　(『虞美人草』)

B 相手が全然正気なのか，……　　　　　　　　　　　　(『行人』)

B 彼にとつて全然新しいものではなかつた。　　　　　　(『明暗』)

B 嘘を云う積でもなかつた津田は，全然本当を云つてゐるのではもないといふ事に気が付いた。　　　　　　　　　　　　　　　　　　(『明暗』)

志賀直哉

B　お父さんと僕との関係と，僕とお祖母さんとの関係とは全然 別なものに僕は考へてゐるんです。　　　　　　　　　　　　　　（『和解』）

B　しかし，僕ももう二三日で全然 暇になるから，そうしたら，僕の方から出よう。

C　見破られるのも道理，彼は自分で気がつくと，軍服の着方が全然いけなかつた。　　　　　　　　　　　　　　　　　（以上，『暗夜行路』）

	A（情態副詞）	B（程度副詞）	C（呼応副詞）	計
濁つた頭	0	0	2	2
和　解	0	1	0	1
暗夜行路	4	6	3	13
邦　子	0	1	1	2
計	4	8	6	18
％	22.2％	44.4％	33.3％	

　世代的には芥川と同じであるが，「全然」の使用法には，より若いものを感じる。

　志賀の用例のうち，今日的なものを以下に示す。

B　緒方は話の運びからは全然，突然に「今，蕗子，居るかい？」と云つた。
　　　　　　　　　　　　　　　　　　　　　　　　（『暗夜行路』）

太宰　治

C　私のふるさとからは，全然，助力が来ないといふことがはつきり判つてきたので，私は困つて了つた。　　　　　　　　　　（『富嶽百景』）

B　父は家事には全然，無能である。　　　　　　　　（『桜桃』）

A　あとは故郷とのつながりを全然，断ち切られてしまい……
　　　　　　　　　　　　　　　　　　　　　　　　（『人間失格』）

　さすがにCが最も多く，新しさを感じさせる。

　太宰の用例のうち，今日的なものは次の1例である。

B　ここから，何かしら全然 あたらしい文化（私は，文化といふ言葉に，ぞっ

	A（情態副詞）	B（程度副詞）	C（呼応副詞）	計
道化の華	0	0	1	1
ダスゲマイネ	0	2	0	2
富嶽百景	0	0	1	1
十五年間	0	1	1	2
桜　桃	1	1	0	2
右大臣実朝	0	1	0	1
斜　陽	0	4	2	6
人間失格	1	1	1	3
計	2	10	6	18
％	11.1％	55.5％	33.3％	

とする。むかしは，文華と書いたやうである）そんなものが，生れるのではなからうか。　　　　　　　　　　　　　　　　　（『十五年間』）

以上をまとめると，次のようになろう。

A（情態副詞）は，明治時代に発生し，盛んに用いられたが，やがて衰退しつつも，昭和20年代になっても使用され続けた。

B（程度副詞）は，明治大正昭和を通じて，「全然」の中心的用法であった。

C（呼応副詞）は，明治から昭和に向かって，徐々に勢力を延ばした用法であるが，他を圧倒するにまでは至っていない。

5. 結　論――濫れとは言えない。語結合の拡大という変遷である――

さて，ここで，現在問題とされる，「全然，OK。」「全然，すてき。」「全然，いい。」「全然，いかす。」などについて考えてみよう。

これらは，形容詞・形容動詞およびそれに類する語で，いずれも，肯定的判断・評価を表している。形容詞・形容動詞に係るという点ではBであるが，Bの形容詞や形容動詞の大半は「ない」や「無頓着」「不同意」など，否定的な意を表す語であったから，Bとは異なっていると一応言えるのであるが，まったく新しく，非難に価する表現かというと疑わしい。2節の最後で述べたとおり，芥川

龍之介『河童』の「全然 新しい」という表現がまさに，今日問題とされる表現と同質の表現であるからである。また，漱石では，「全然，わがもの／正気／新しい／本当」，志賀では，「全然，突然に」，太宰では，「全然，あたらしい文化」などが今日的「全然」の用法である。

これらを濫れとすれば，この濫れは最近始まったものではなく，明治期からすでにあったということになる。そして，それは，無教養な若者によるものではなく，小説の大家・名手・名人とされる，日本語の一流の使い手たちによってもなされた表現であったということになるのである。

元来，程度副詞の「全然」は，非存在の「ない」や否定的な意を表す「不同意・反対・別・だめ」などの語と共存するという共存制限があった。それが，やがて，否定的か否かを問わず，形容詞・形容動詞との共存を許すように変質した。言い換えると用法を拡大したととらえた方が適切であろう。

ところで，「全然」の用法がまったく変質してしまったかというと，どうもそうではない。

「この説明でわかりましたか。」

「全然。」

という会話において，「全然。」が「全然，わかりません。」という表現と等価であるということは，今日の若者も否定しない。呼応副詞としての「全然」は打消の助動詞と呼応するという点は健在なのである。心配するには及ばない。

「全然，OK。」の場合，あるいは「全然問題ない，OKだ。」の省略表現とも考えられるということでもある。

■ 発展問題

(1) 次の「全然」の用法がどのようなものか判定し，A（情態副詞）・B（程度副詞）・C（呼応副詞）を付けてみよう。（太宰治『斜陽』）
  ① あなたは，他の男のひとと，まるで全然ちがつてゐます。
  ② お食事は，もう，けさから全然とおらず……
  ③ 私のこの場合にも全然，無関係でないように思われた。
  ④ 僕は自分がなぜ生きてゐなければならないのか，それが全然わからないので

⑤　この不思議な言葉は，民主主義とも，またマルキシズムとも，全然無関係のものなのです。
⑥　民主主義ともマルキシズムとも全然，無関係の言葉の筈なのに……

(2)「きっと……だ」「けっして……ない」「まったく……ない」「ちょっと……ない」「まるで……ない」「まるで……みたいだ」などの呼応副詞（陳述副詞）に，情態副詞や程度副詞の用法があるか，ないか確認し，ある場合には派生関係を考えてみよう。

(3)「超まずい。」「超暑い。」など「超──」の例を集め，それらと，「超高速」「超高層ビル」「超人」「超越」「超過」などの「超」との異同について，考えてみよう。

■ 参考文献

1) 柄沢　衛「『全然』の用法とその変遷─明治二，三十年代の四迷の作品を中心として─」（「解釈」1977年3月号，教育出版センター）
2) 若田部明「全然の語誌的研究─明治から現代まで─」（「解釈」1991年11月号，教育出版センター）
3) 小池清治『日本語はどんな言語か』（ちくま新書，筑摩書房，1994）
4) 小池清治『現代日本語文法入門』（ちくま学芸文庫，筑摩書房，1997）

第8章 「しかし」は論理に関する接続詞か？

【文法・文学と語学・接続詞】

キーワード：順接の接続詞・逆接の接続詞，論理的「しかし」・心理的「しかし」

1. 「しかし」の用法は単純ではない

　接続詞は順接の接続詞と逆接の接続詞に大別される。

　順接の接続詞には，「そして・それで・だから」などが所属し，前項で述べられた事柄・事態・理由などから，順当だと考えられる事柄・事態・結論などが後項で述べられる。

　一方，逆接の接続詞には，「しかし・ところが・けれども」などが所属し，前項で述べられた事柄・事態・理由などからは，順当だとは考えられない事柄・事態・結論などが後項で述べられる。

　以上は，日本語の接続詞に関する事実であり，順接の接続詞・逆接の接続詞に関する明快な説明になっている。そこには，なんら難しい問題はないように見える。ところが，困ったことに，具体的に用例を観察してみると，そう単純明快に順接の接続詞・逆接の接続詞とふり分けることができないのである。たとえば，

　A　このリンゴは安い。しかし，まずい／おいしくない。
　B　このリンゴは安い。しかし，おいしい。

　「まずい」と「おいしい」は対義語であり，まったく反対の表現である。前項は同一であるにもかかわらず，「しかし」という接続詞の後項としてまったく反対の表現が成立してしまう。このように，「しかし」の用法は単純ではない。

　「しかし」の表す逆接性は，言語外の客観的事実の問題によるものではなさそうである。話し手・書き手が，事態をどう判断するかという，判断の問題と考えるべきものであるようだ。このことを，A・Bを例にして説明すると次のように

なる。

　Aの「安い」は話し手・書き手にとってプラスの要素である。一方，「まずい／おいしくない」はマイナスの要素である。プラスとマイナスという相反する点で逆の事態になっている。こういう意味において，Aの「しかし」は定義どおり逆接の接続詞として機能している。言い換えると，相反する表現の出現を予告する論理的な「しかし」ということができる。

　これに対し，Bの「安い」も話し手・書き手にとってプラスの要素であるが，「安い以上まずい・おいしくなくてもしかたがない」と思っていたところが，意外にも「おいしい」というのがBの「しかし」の表す意味なのである。話し手・書き手の思い込み，推量の部分が表現化されていない。一種の省略表現で，BはAと比較し屈折した表現と言える。言い換えると，前項からの事態から予測されることに反する表現が後項で出現するということを予告する心理的な「しかし」ということができる。

　従来は，論理的「しかし」としてのみ認識されていたが，心理的「しかし」が存在すると認識することが必要である。特に，文学作品の解釈でより重要なのは心理的「しかし」なのである。

2. 芥川龍之介『羅生門』の「しかし」―論理的「しかし」と心理的「しかし」―
芥川龍之介の『羅生門』には6例の「しかし」が用いられている。

① 作者はさつき，「下人が雨やみを待つてゐた」と書いた。しかし，下人は雨がやんでも，格別どうしようと云ふ当てはない。

② 選ばないとすれば———下人の考へは，何度も同じ道を低徊した揚句に，やつとこの局所へ逢着した。しかしこの「すれば」は，何時までたつても，結局「すれば」であつた。

③ 下人は，それらの死骸の腐爛した臭気に思はず，鼻を掩つた。しかし，その手は，次の瞬間には，もう鼻を掩ふ事を忘れてゐた。

④ 下人には，勿論，何故老婆が死人の髪の毛を抜くかわからなかつた。従つて，合理的には，それを善悪の何れに片づけてよいか知らなかつた。しかし下人にとつては，この雨の夜に，この羅生門の上で，死人の髪の毛を抜くと云ふ事が，それ丈で既に許すべからざる悪であつた。

⑤　二人は死骸の中で，暫，無言のまま，つかみ合つた。しかし勝敗は，はじめからわかつてゐる。
⑥　勿論，右の手では，赤く頰に膿を持つた大きな面皰(にきび)を気にしながら，聞いてゐるのである。しかし，之(これ)を聞いてゐる中に，下人の心には，或(ある)勇気が生まれて来た。

①の「しかし」は，「雨やみを待つ」という表現に含まれていることに対する「反転」である。すなわち，表現の有する内包的意味を理解していなければならない「しかし」であり，それほどやさしいものではない。

②の「しかし」も表現の有する「含み」に対する「反転」である。「すれば」という仮定的表現のあとには，それを前提とした行為や決断が予想される。それにもかかわらず，現実はという意味での「しかし」でこれもやさしいものではない。

③の「しかし」はやさしい。前文では「掩(おほ)つた。」であり，後文では「掩(おほ)ふ事を忘れてゐた。」とある。「反転」関係が文の表面に明示されている。

④の「しかし」も「反転」する事柄が文の表面に明示されているので，理解は容易であろう。

⑤は①や②と同様に表現の有する「含み」に対する「反転」である。すなわち，「つかみ合（ふ）」ことは，戦闘力の優劣を競うことである。「しかし」若者と老婆では優劣を競う必要がないほど戦闘力の差は歴然としているというのである。

①から⑤までは，「反転」する関係が，文の表面に明示されている場合と裏に隠されている場合とで理解の難易度が異なるのであるが，いずれにせよ，「反転」関係を想定することができる論理的「しかし」である。

ところが，⑥の「しかし」は「反転」の関係として理解することが困難なものである。言い換えると，⑥の「しかし」という逆接の接続詞は，順接の接続詞「そして」「そうして」に置き換えても，なんらの違和感を生じないという不思議な「しかし」なのである。すなわち，「面皰(にきび)を気にしながら，聞いて」いることと，「或(ある)勇気が生まれて来」ることが，時間的前後関係をなして継起しているのであるから，「そして」「そうして」でなんらの問題も生じないのである。と

ころが，語り手は逆接の「しかし」を用いている。とすれば，なぜ，「しかし」を用いてるのか。どのようなところに「反転」があると認めているのか理解せねばならない。あるいは，次のように考えられようか。

「面皰(にきび)を気にしながら，聞く」というのは，前々から下人がしていた行為であり，この点において，下人には変化進展がない。一方，「或勇気が生まれて来た」ことは明らかに変化・進展が認められたということである。停滞と進展，ここに「反転」関係を認めて「しかし」を用いているのであると。

このような解釈は，論理的解釈というより，語り手，そして，作者である芥川の心理に関係した解釈なのである。実は，芥川の作品には，このような「しかし」が数多く認められる。⑥の心理的「しかし」こそ，芥川らしい「しかし」であると言えそうである。

「しかし」の用法を観察する場合，重要なのは，前項と後項とが表す客観的事柄・事態の反転関係ではない。なぜ，話し手・書き手が前項と後項とを相反する事柄・事態と認識しているかということを問うことが肝心なのである。

	シカシ	トコロガ	ダカラ	ソウシテ	一方	スナワチ	ツマリ	サテ	モットモ	但	合計
芥川	321	35	30	103	8	4	11	6	13	2	531
	60.5	**6.6**	5.6	19.4	1.5	0.7	2.1	1.1	2.4	0.4	%
森	209	27	15	*539	11	56	14	76	0	5	952
	22.0	2.8	1.2	**56.6**	1.1	5.8	1.4	7.8	0	0.5	%
夏目	1236	293	494	1066 8	53	51	158	34	0	43	3036
	40.7	9.7	16.3	**35.4**	1.7	1.7	5.2	1.1	0	1.4	%
志賀	744	60	21	8*839	49	1	30	11	1	0	1794
	41.5	3.3	1.2	**47.2**	2.7	0.1	1.7	0.6	0.1	0	%
太宰	224	10	29	309*30	13	23	56	23	1	3	698
	32.1	1.4	4.2	**48.6**	1.9	3.3	8.0	3.3	0.1	0.4	%

近代作家用語研究会・教育技術研究所編『作家用語索引』（教育社）による。
＊は「ソウシテ」の数。その他は「ソシテ」の数。

3. 芥川と森鷗外・夏目漱石・志賀直哉・太宰治との比較

表は，五人の作家の接続詞使用状況である。これによれば，

　芥川龍之介＝シカシ型

　森　鷗外＝ソウシテ型

　夏目漱石＝シカシ・ソウシテ型

　志賀直哉＝ソウシテ・シカシ型

　太宰　治＝ソウシテ・シカシ型

ということが言えそうである。なかでも，芥川は「しかし」偏愛型の作家とみなせよう。

4. 芥川龍之介『河童』『歯車』の「しかし」

(1) 『河童』の「しかし」

『河童』は雑誌「改造」昭和2年（1927）3月号に掲載された。この年，芥川は自殺により，短い生涯を閉じているので，結果的に晩年の作となる。先に，デヴュー作『羅生門』の「しかし」を観察しておいたので，ここでは，それを念頭におきつつ，『河童』の「しかし」を検討する。

① 朝霧の下りた梓川の谷を———しかしその霧はいつまでたつても晴れる気色は見えません。

② 僕はこう考えましたから，梓川の谷を離れないやうに熊笹の中を分けて行きました。しかし，僕の目を遮るものはやはり深い霧ばかりです。

③ それは不思議でも何でもありません。しかし僕に意外だつたのは河童の体の色のことです。

④ わざわざチヤツクを呼び寄せるゲエルと云ふ硝子会社の社長などもやはりこの部屋へ顔を出したものです。しかし最初の半月ほどの間に一番僕と親しくしたのはやはりあのバツグと云ふ漁夫だつたのです。

⑤ 現に年をとつたバツグの皿は若いチヤツクの皿などとは全然手ざわりも違ふのです。しかし一番不思議なのは河童の皮膚の色のことです。

⑥ 勿論どの河童も目金をかけたり，巻煙草の箱を携へたり，金入れを持つたりはしてゐるでせう。しかし河童はカンガルウのやうに腹に袋は持つてゐますから，それ等のものをしまう時にも格別不便はしないのです。

『河童』には73例の「しかし」が観察される。上に示したものは，冒頭からの6例である。

①は，表現の有する「含み」についての「反転」である。「朝霧」はすぐ晴れるものという常識を前提としたもの。

②も，同様に，「含み」についての「反転」であるが，この場合，前提となるものは，語り手の意図である。「熊笹の中を分けて行」けば，霧が晴れ，視界が開けるだろうという意図があり，この意図に反してという意味を「しかし」は表している。ややわかりにくい「しかし」となっている。

③は，「不思議でも何でもない」と「意外だつた」の「反転」関係である。表現の変化があり，形態的対称性を欠くが，意味的対称性は容易に把握できる。

④は，前文から予想される結果とは異なるものが，後文で実現したことを意味する。一文の中に「やはり」が二回使用されていることから推測されるように，語り手の思い込みによる断定が顕著であり，この「しかし」も語り手の思考の押しつけが感じられるものとなっている。

⑤の「しかし」は，「そして」に置き換え可能なものである。芥川独自の「しかし」である。なぜ，「しかし」であるかを推測すれば次のような理由であろうか。「全然手ざわりが違ふ」のであるから，当然「手ざわり」について不思議を感じてもよいのだが，実際に不思議を感じたのは「河童の皮膚の色」であったから。

⑥は，①や②と同様に「含み」についての「反転」である。「目金・巻煙草・金入れ」を携帯すると，なにか不便であるはずだ。「しかし」「腹に袋は持つてゐるから」という意味なのである。

以上の検討で明らかになったことは，「しかし」の使用方法においては，『羅生門』と『河童』との間に相違が認められないということである。『河童』の「しかし」には，⑤のように，順接の「そして」に置き換え可能なものが多く，異常さを感じさせる。その異常を『河童』の語り手の「精神病」と関連させて考えるということも可能である。そして，その異常さは，実は『羅生門』の段階にすでに懐胎されていたとも考えられる。

（2）芥川龍之介『歯車』の「しかし」

『歯車』は，『闇中問答』『或阿呆の一生』『西方の人』などとともに残された

遺稿の一つである。この作品には49例の「しかし」が使用されている。

① テエブルにかけたオイル・クロオスは白地に細い青の線を格子に引いたものだつた。しかしもう隅々には薄汚いカンヴアスを露してゐた。

② 彼等は僕には女生徒よりも一人前の女と云ふ感じを与へた。林檎を皮ごと嚙ぢつてゐたり，キヤラメルの紙を剥いてゐることを除けば。……しかし年かさらしい女生徒の一人は僕の側を通る時に誰かの足を踏んだと見え，「御免なさいまし」と声をかけた。

③ 廊下は僕にはホテルよりも監獄らしい感じを与へるものだつた。しかし幸いにも頭痛だけはいつの間にか薄らいでゐた。

④ 僕はもとのように受話器をかけ，反射的にベルの鈕を押した。しかし僕の手の震へてゐることは僕自身はつきり意識してゐた。

⑤ 今日の僕は誰の目にも「寿陵余子」であるのに違いなかつた。しかしまだ地獄へ堕ちなかつた僕もこのペン・ネエムを用ゐてゐたことは，———僕は大きい書棚を後ろに努めて妄想を払ふやうにし，丁度僕の向うにあつたポスタアの展覧会室へはいつて行つた。

ここでは，心理的「しかし」の例だけを紹介するにとどめる。これらは，すべて「そして」に置き換え可能である。

他の作家なら「そして」を使うであろうようなものにまで，芥川は「しかし」を使用している。これが，彼の「しかし」使用率の高さを結果として招いているものと判断される。芥川の作品中に現れる「しかし」の多くは，論理的に自明な「しかし」ではない。表現の有する「含み」についての「反転」関係を示す「しかし」，心理的「しかし」など，作家の心理を理解するために努力を要する「しかし」なのである。

5. 森鷗外・夏目漱石・志賀直哉の「しかし」と太宰治の「けれども」
(1) 森鷗外『雁』の「しかし」

① 容貌は其持主を何人にも推薦する。併しそればかりでは下宿屋で幅を利かすことは出来ない。

② 岡田の日々の散歩は大抵道筋が極まつてゐた。併し仲町を右に折れて，無

縁坂から帰ることもある。
③　文学趣味があるからであつた。併しまだ新しい小説や脚本は出てゐぬし……
④　女の姿が，岡田には別に深い印象をも与へなかつた。併し結い立ての銀杏返しの鬢が蝉の羽のやうに薄いのと，……少し扁たいやうな感じをさせるのとが目に留まつた。
⑤　もう女の事は綺麗に忘れてゐた。併し二日ばかり立つてから，……突然記憶の底から意識の表面に浮き出したので，その家の方を一寸見た。

これらの「しかし」における「反転」の関係は容易に見てとれる。常識的「しかし」と行つてよい。

（2）夏目漱石『心』の「しかし」

①　どうも何処かで見た事のある顔の様に思はれてならなかつた。しかしどうしても何時何処で会つた人か想い出せずにしまつた。
②　もつと海の中で遊んでゐたかつた。しかし先生から誘はれた時，私はすぐ「ええ帰りませう」と快く答へた。
③　私はこれから先生と懇意になつた。しかし先生が何処にゐるかは未だ知らなかつた。
④　「どうだか分かりません」と答へた。しかしにやにやしてゐる先生の顔を見た時…
⑤　そのうちに一度行つて置こうと思つた。しかし帰つて二日三日と経つうちに……

夏目漱石の「しかし」も常識的「しかし」である。

（3）志賀直哉『城の崎にて』の「しかし」

①　物忘れが烈しくなつた。然し気分は近年になく静まつて，落ちついたいい気持がしてゐた。
②　淋しい考えだつた。然しそれは静かないい気持である。
③　その「何時か」を知らず知らず遠い先の事にしてゐた。然し今は，それは本統に何時か知れないやうな気がして来た。
④　そんな気もした。然し妙に自分の心は静まつて了つた。
⑤　一つ残つた死骸を見る事は淋しかつた。然し，それは如何にも静かだつ

た。

③は常識的「しかし」で，「反転」する関係が容易に見てとれるものである。志賀直哉の「しかし」の特徴は，感情的なことである。③以外は，感情の快不快・好悪の「反転」に関するものであることは用例により明白である。この傾向は『城の崎にて』ばかりの特徴ではない。志賀文学の特徴といってよいだろう。

　　私は祖父を仕舞ひまで好きになれなかつた。寧ろ嫌いになつた。然しお栄は段々に好きになつて行つた。　　　　　　　　　（『暗夜行路』前編）

　　直子は謙作のこういふ顔を初めて見るやうに思つた。そして此人は此儘，助からないのではないかと思つた。然し，不思議に，それは直子をそれ程，悲しませなかつた。　　　　　　　　　　　　　　　（『暗夜行路』後編）

（4）太宰治『走れ，メロス』の「けれども」

① 笛を吹き，羊と遊んで暮らして来た。けれども邪悪に対しては，人一倍に敏感であつた。
② もう既に日も落ちて，まちの暗いのは当たりまへだが，けれども，なんだか，夜のせいばかりでは無く，市全体が，やけに寂しい。
③ 暴君ディオニスは静かに，けれども威厳を以て問ひつめた。
④ この心臓を見せてやりたい。けれども私は，この大事な時に，精も根も尽きたのだ。
⑤ 私は王の卑劣を憎んだ。けれども，今になつてみると，私は王の言うままになつてゐる。

太宰治は『走れ，メロス』においては，逆接を表す接続詞として「けれども」を使用している。そして，その使用法は，芥川の「しかし」によく似ている。①②③の3例は，順接の「そして」と置き換え可能である。

④⑤は，表現の有する「含み」についての「反転」関係を表している。いずれにせよ，容易な解釈を許す「しかし」ではない。語り手，作家の心理を推測する必要があるものばかりなのである。

若くして自殺したという二人の作家たちには，不思議な共通点があった。逆接の接続詞の用法に心理的屈折があり，理解しにくい用法となっているという共通点である。

接続詞は，説明文・評論文では論理の明晰化に役立つものであるが，小説教材においては，語り手・作家の心理の襞を垣間見させる言葉である。そういう意味で，注意深く読み解くべき言葉である。

　「接続詞＝論理的言葉」という常識は疑ってかかる必要がある。

■ 発展問題

> (1) 下線部の意味を考えてみよう。
> 　① この品物は高い。<u>しかし</u>，物が悪い。
> 　② この品物は高い。<u>しかし</u>，物が良い。
> 　③ この品物は安い。<u>しかし</u>，言い値で買うのはどんなものか。
> 　④ <u>しかし</u>，暑かったね。今年の夏。
> 　⑤ 君にも，こまったものだね，<u>しかし</u>。
> 　⑥ 雨がひどいね。<u>でも</u>，サッカーの試合はやるんじゃないか。
> 　⑦ 試合はまさに泥仕合だった。<u>でも</u>，選手たちには感心したよ。
> 　⑧ 「早くやりなさい。」「<u>でもぉ</u>，わたし，お腹がすいているんだもん。」

■ 参考文献

1) 『品詞別日本文法講座 6 接続詞・感動詞』(明治書院，1973)
2) 北原保雄『日本語の世界 6 日本語の文法』(中央公論社，1985)
3) 森田良行「文の接続と接続語」(「日本語学」6巻9号，明治書院，1997)

第9章　助動詞「た」は過去を表すか？

【文法・助動詞】

キーワード：過去の「―た」・以前の「―た」・状態の「―た」・想起・命令・決意の「―た」・完了の「―た」・実現の「―た」，ル形叙述・タ形叙述，動的文体・静的文体

1.　「あっ，バスが来た。」の「た」はなにを表すのか？

友達と二人でバスを待っていて，待ちに待ったバスが遠くに見えた時，思わず口にする，

　　あっ，バスが来た。

の「た」は過去を表すのだろうか。今，目の前に現れたのであるから，過去というわけにはいかないだろう。

　　今晩，お父さんから電話があったら，私のこと伝言してね。

の「たら」は，時間的には未来時点（今晩）を意味している。やはり，過去というわけにはいかない。

金田一春彦は，寺村秀夫の説を加味しながら，助動詞「た」の用法を次の五つに分け，おおむね次のように述べている。

Ⅰ　過去の「―た」＝終止形・連体形・仮定形がある。
　　　彼はきのう六時に起きた。
　　　きのう六時に起きた彼。
　　　きのう六時に起きたら，霜が降りていた。

Ⅱ　以前の「―た」＝連体形・仮定形がある。
　　　ジャンケンに負けたものが使いに行く。
　　　ジャンケンに負けたら，使いに行くこと。

Ⅲ　状態の「―た」＝連体形しかない。
　　　曲がった道，尖った山。

Ⅳ　想起・命令・決意の「―た」＝終止形しかない。

今日は，ぼくの誕生日だった。
　　　さあ，どいた，どいた。
　　　よし，おれが買った。
　Ⅴ　完了の「―た」＝連体形・終止形がある。
　　　もう昼飯を食べたか。
　　　もう昼飯を食べた人がいる。
＊　金田一春彦は「て」を「た」の連用形として扱っているが，本書では，接続助詞として除外した。また，彼は，Ⅰには「仮定形はないらしい。」としているが，例示したように，仮定形もあると考える。

　「バスが来た。」の「た」は，願い事が叶った時などに，子供がよく口にする「やったぁ！」などの「た」と併せて，実現の「た」と著者は名付けている。実現の「―た」は終止形しかないので，完了の「―た」ではない。金田一説によれば，Ⅳに分類されると考えられる。
　このように，助動詞「た」には過去を表す用法だけではなく，種々の用法がある。

2. 中島　敦『山月記』の「た」

　歯を磨き，顔を洗ってから，学校へ行った。
　歯を磨く。顔を洗う。それから，学校へ行った。
　日本語では文末の時制が，文全体の時制を決定する。文章においても，最終センテンスが文章全体の時制を決定することが多い。上に示した「磨く／洗う」を現在形とすることはできない。また，前節に述べたように，「た」は過去を表す用法以外にも幾つかの用法を持っている。そこで，日本語教育では，「磨く／洗う」のようなものをル形といい，「行った」のようなものをタ形と呼ぶことにしている。
　日本語のル形による叙述（ル形叙述），タ形による叙述（タ形叙述）は，必ずしも物理的時間を反映するものではない。これらは，叙述スタイル，文体にかかわるものなのである。ル形叙述は眼前に展開しているものとして，生き生きと具体的に描写する動的文体であり，タ形叙述はすでに決着のついた過去のことを記憶として叙述する静的文体なのである。

中島敦の『山月記』は唐代の李徴という男についての話であるから，時制的にはすべて過去に属する。事実，作品の基本文体はタ形叙述になっている。こういうなかで，人間から虎への変身を語る部分は，ル形叙述からタ形叙述へという順序になっている。

・今から一年ほど前，……我が名を呼んでゐる。
・声は闇の中からしきりに自分を招く。
・自分は声を追うて走り出した。
・自分は左右の手で地をつかんで走つてゐた。
・岩石を跳び越えて行つた。
・毛を生じてゐるらしい。
・すでに虎となつてゐた。

変身前はル形叙述，変身後はタ形叙述である。例外は，「毛を生じてゐるらしい。」であるが，この表現が変身進行時の心理を現在進行しているものとして生き生きと叙述したものであることは疑いないだろう。

また，上に見られるように，ル形叙述は李徴の語りのなかに多く現れるのであるが，語りの導入部にも用いられる。

・李徴の声が答へて言ふ。自分は今や異類の身となつてゐる。……
・声は続けて言ふ。
・その詩に言ふ。

これらのル形叙述が眼前で語られる怪異の迫真性を増すものと機能していることは言うまでもないだろう。

3. 志賀直哉『城の崎にて』『焚火』の「た」

志賀直哉の『城の崎にて』には，城崎温泉で養生していた時の時間（体験時の時間）と帰京して余病の恐怖から解放されて執筆している時間（執筆時の時間）の二つの時間が流れている。

城崎温泉において「自分」は生命の危機に脅かされており，蜂の死・鼠の死・いもりの死に敏感に反応している。しかし，執筆時の作者は死の恐怖からは遠い所にあるのだ。

この二重性を志賀は，助動詞「た」を文末に用いるタ形叙述と動詞の終止形

（現在形）を用いるル形叙述との使い分けによって表現している。タ形叙述は執筆時，ル形叙述は体験時を表すものとなっている。

- 山の手線の電車にはね飛ばされてけがをした。……出かけた。……言はれた。……それで来た。……考へて来た。
- 三週間ゐて，自分はここを去つた。それから，もう三年以上になる。……助つた。

上は『城の崎にて』の「前書き」「後書き」に相当する部分の文末表現である。波線部だけが例外であるが，他はタ形叙述になっている。

　鼠は一生懸命に泳いで逃げやうとする。……通してあつた。……それが出てゐる。……はひ上がらうとする。……石を投げる。……当たらない。……跳ね返った。……笑つた。……足をかけた。……魚串がすぐにつかえた。……水に落ちる。……助からうとしてゐる。……よくわかつた。……泳ぎ出した。

上は体験時に関する叙述である。見るとおり，ル形叙述（下線部）とタ形叙述（二重下線部）とが共存している。そして，ル形叙述は，あたかも現在眼前で展開されるように感じられる迫真の描写になっているのである。『城の崎にて』の虚構性は，このように時間の二重性にもっともよく表されている。

『城の崎にて』に限らず，志賀直哉の作品では，ル形叙述とタ形叙述が自在現れる。

次に『焚火』の「た」も見ておこう。

　其日は朝から雨だつた。午からずつと二階の自分の部屋で妻も一緒に，画家のSさん，宿の主のKさん達とトランプをして遊んでゐた。部屋の中には煙草の煙が籠つて，皆も少し疲れて来た。トランプに厭きたし，菓子も食ひ過ぎた。三時頃だ。

冒頭の第一段落である。五つのセンテンスのうち，最初の四まではタ形叙述である。この作品は，実際経験したことを後日回顧するという形で書かれたものである。したがって，これらの「た」は，論理的には執筆時過去を表している。ところが，五番目のセンテンスにいたり，突然，ル形叙述になる。この表現は，体

験時に立っての表現になっている。二つの時間が混在しているのである。そういう目で，もう一度，見直してみると，「疲れて来た。」「食ひ過ぎた。」の「た」は，執筆時過去というより，体験時過去とみなすべきものだということがわかる。執筆時過去であれば，

・皆も少し疲れて来ていた。
・食ひ過ぎていた。

などと，すべきものであろう。「た」にも二種類あった。次の段落での混乱ぶりも同様である。

　一人が起つて窓の障子を開けると，雨は何時かあがつて，新緑の香を含んだ気持のいい山の冷々した空気が流れ込んで来た。煙草の煙が立ち迷つてゐる。皆は生き返つたやうに互いに顔を見交した。

　これらは，体験時現在の表現であるが，ル形叙述とタ形叙述が混在したものとなっている。このような状態であるから，時制にうるさい英語で，志賀の作品を翻訳しようとすると大変苦労することになる。

4. 夏目漱石『こころ』における二重の時間

　夏目漱石の『こころ』は一見，体験の時間順序に素直に従って書かれた作品のように見える。

　たとえば，「こころ　上」（先生と私）では，学生である「私」が「先生」と知り合いになり，関係を深める様子が報告風の文体で語られる。「私」は，作品の始めにおいては高等学校の学生であり，「上」の途中で大学生になっている。「こころ　中」（両親と私）では卒業して，就職口を探している。「こころ　下」（先生と遺書）は，就職口の紹介の代わりに書かれた遺書なのである。

　このような配列であるから，「上」「中」の段階では，「私」は，「先生」が抱く深い悲しみとその根源となる悲劇の真相を理解していなかったように思われる。事実，叙述の多くは，「先生」についての「謎」として記述される。

　「先生のお宅の墓地はあすこにあるんですか」と私がまた口を利きだした。
　「いいえ」
　「どなたのお墓があるんですか。御両親のお墓ですか」

「いいえ」
　先生はこれ以外に何も答えなかった。私もその話はそれぎりにして切り上げた。すると一丁ほど歩いたあとで，先生が不意にそこへ戻つて来た。
「あすこには私の友達の墓があるんです」
「お友達の御墓へ毎月御参りなさるんですか」
「そうです」
　先生はその日これ以外語らなかつた。　　　　　　　（上　私と先生　六）

　「私」は，誰の墓なのか，なぜ毎月墓参りをするのか理解していない。謎なのだ。「私」と同様，読者も「先生」の謎に興味を抱くように叙述されている。そして，その解明は「こころ　下」（先生と遺書）において，衝撃的な遺書の形でなされると思われるのだが，実は，そういうように漱石は書いていない。漱石は上の叙述がなされる2日前に，「先生」の謎を解明してしまっている。作品が掲載されて4日目のことである。

　　私は何故先生に対して丈斬んな心持が起るのか解らなかつた。<u>それが先生の亡くなつた今日になつて</u>，<u>始めて解つて来た</u>。　　（上　私と先生　四）
　先に紹介した墓地での会話を記述する段階で，実は「私」は，墓がKのものであること，「先生」がこの墓に毎月墓参りをする理由，「先生」とKとの間に生じた悲劇など，すべて知っていたのである。
　驚くことに，「上　先生と私　六」の冒頭部でも，「私」は先生の影の部分をも照らし出す知識を有していたことが語られているのである。

　　然し其私丈には<u>此直感が後になつて事実の上に証拠立てられたのだから</u>，私は若々しいと云はれても，馬鹿気てゐると笑はれても，それを見越した自分の直覚をとにかく頼もしく又嬉しく思つてゐる。　　（上　先生と私　六）
　学生である「私」は『こころ　上　中』執筆時には，「先生」の謎について，『こころ　下』で書かれることになる「遺書」を読んでしまっている。

　漱石が試みた二重の時間についての試みはきわめて危ういものであった。知っていることを，あたかも知らぬかのように叙述し，かつ，まったく知らなかったのではなく，実は真相を知っていたということを小出しにしていくという，綱渡

りのような芸なのだ。

　もっとも，謎の解明とはいっても，作品ではやはりほのめかしであるに過ぎない。理屈の上では，「私」はすべて知っているはずなのだが，叙述の上では，真相はほのめかされているだけなのである。

　漱石は，露(あらわ)な伏線として二重の時間を使用し，読者を最後までひきつけようとしたのである。虚構性の極致と言えようか。

■ 発展問題

(1) 各文の「た」の働きについて，考えてみよう。
　① 昨日，お父さんから，電話があった。
　② 今年登ると，3回富士山に登ったことになる。
　③ 入場券を買った人は，右手に進んでください。
　④ パリに行った時には，かならずルーブル美術館に行くことにしている。
　⑤ エジプト展，もう見に行きましたか。
　⑥ お探しの本，何でしたか？
　⑦ そうだ，明日は試験だった。
　⑧ あっ，あった。よかった。
　⑨ 雨が降らなかったら，日本が勝っていた。
　⑩ 残った。残った。

(2) 志賀直哉『暗夜行路』において，時間表現がどうなっているか，調べてみよう。

(3) 芥川龍之介『トロッコ』は，少年時代の出来事が書かれている。基本文体はタ形叙述になっている。このようななかで，時折，ル形叙述が現れる。その表現効果について考えてみよう。

(4) 川端康成『雪國』とE. G. Seidensticer訳『Snow Country』を時制，テンスの観点から比較してみよう。

■ 参考文献

1) 金田一春彦「不変化助動詞の本質―主観的表現と客観的表現の別について」(「国語国文」京都大学国文学会, 1962年2月・3月)
2) 寺村秀夫『日本語の文法 上』(大蔵省印刷局, 1978)
3) 寺村秀夫『日本語のシンタクスと意味 Ⅱ』(くろしお出版, 1984)
4) 高橋太郎『現代日本語のアスペクトとテンス』(秀英出版, 1985)
5) 金田一春彦『日本語 下』(岩波新書, 岩波書店, 1988)

第10章 「ここが皇居です。」 事実の初出にはガが用いられるのか？

【文法・助詞】

キーワード：ハとガ，既知・未知

1. ハとガの使い分けに関する規則Ⅰについての疑問

Long long ago, there was an old man. The old man was a hunter.
の訳文としては，

　A　昔むかし，お爺さんがいました。そのお爺さんハ猟師でした。
　B　昔むかし，お爺さんハいました。そのお爺さんガ猟師でした。

の二つが一応考えられるが，自然な日本語としては，Aがふさわしく，Bは不適当とされる。その理由は，ハとガの使い分けに関する規則の一つとして，「具体的な事実の叙述に聴き手の目撃しない事物を初出するときにはガを用いてハを用いない」（ハとガの規則Ⅰ）という規則があるからである。この使い分けは，英語の不定冠詞（a, an）と定冠詞（the）の使い分けにぴったり一致し，不定冠詞の場合はガ，定冠詞の場合はハとなる。

　規則Ⅰの「具体的な事実」とは通常，普通名詞で表現されるようなものをいう。したがって，固有名詞や「私」などの一人称代名詞は規則Ⅰから除外される。こういう理由で，

　a　金井 湛君は哲学が職業である。　　　（森鷗外『ヰタ・セクスアリス』）
　b　私はその人を常に先生と呼んでゐた。　　　（夏目漱石『こころ』）
　c　仙吉は神田の或秤屋の店に奉公して居る。　（志賀直哉『小僧の神様』）

などが，小説の冒頭文として許容されるのである。

　ところで，観光案内などで建造物名などを説明する場合，CやDの表現がなされることがある。この場合の，ハとガの使い分けはどのようなものなのであろう

か。
　C　ここガ皇居です。
　D　ここハ皇居です。
　Cの場合，「皇居」を気にしていて，今そこに至ったという含みが感じられる。事実としては初出であるが，意識としては初出ではない。一方，Dは，単なる説明で，たまたま目にしているのは「皇居」という意味である。事実においても，意識においても初出という表現である。とすると，「事実の初出の場合はガ」という規則Ⅰでは説明できないことになり，例外となる。規則Ⅰの例外は，固有名詞・一人称代名詞のほかに，指示代名詞を加える必要がある。

　既知・未知については後で述べるが，先取りして言えば，Cの場合，「ここ」が未知扱い，「皇居」は既知扱いということになり，Dは「ここ」が既知扱い，「皇居」は未知扱いの表現ということになる。

2. ハとガの使い分けに関する規則Ⅱについての疑問

　ハとガに関する二つ目の規則は，「いつ・どこ・誰・何」などの不定詞（疑問詞）の前にはハ，後にはガ」（ハとガの規則Ⅱ）というものである。これは次の例を見ればわかる。

　　　　いいのハいつ？　　←→　　いつガいいの？
　　　　いいのハどこ？　　←→　　どこガいいの？
　　　　来るのハ誰？　　　←→　　誰ガ来るの？
　　　　欲しいのハ何？　　←→　　何ガ欲しいの？

　なぜ，こうなるのかについては，後に述べる，既知・未知のところで考えることにする。ここで問題にしておきたいのは，規則Ⅱの例外についてである。「不定詞（疑問詞）の後にはガ」とされるが，日常会話では「いつはいいの？」とか「誰は来るの？」という会話がなされる場合がある。
　E　いつガいいの？　　　誰ガ来るの？
　F　いつハいいの？　　　誰ハ来るの？
　Eの場合の「いつ」「誰」は，どんな日でもよく，どこの誰でもよい。まさに，正真正銘の不定詞（疑問詞）であるが，Fの場合の「いつ」「誰」は限定された日々のうちのある日，グループなど限定された人々のうちの誰かを意味している。

「いつならいいの？」「誰なら来るの？」という仮定表現とほぼ等価の表現である。

無限定の不定詞と限定された不定詞とでは，ハとガに関する用法が異なるということになる。

3. ハとガの使い分けに関する規則Ⅲについて

ハとガに関する三番目の規則は，「従属節における主格は，対比の場合を除き，ガで表される」（ハとガの規則Ⅲ）というものである。

G　お爺さんハ猟をするとき，犬を連れて行きます。

H　お爺さんガ猟をするとき，犬を連れて行きます。

Gの「お爺さんハ」は，ハで示されているから，主文の主格となり，犬を連れて行くのは「お爺さん」ということになる。一方，Hでは，「お爺さんガ」とガで示されているので，従属節内部の主格となる。したがって，「お爺さん」が猟をするのは間違いないが，犬を連れて行く主体（動作主）である保証はない。日本語では，主文の述語に対応する主語（動作主・状態主）が明示されていない場合は，原則として，書き手・話し手が動作主・状態主になるので，自然な解釈としては，犬を連れて行くのは書き手・話し手ということになる。

ところが，

I　お爺さんハ猟をするとき，犬を連れて行き，お婆さんハ犬を連れて行きません。

J　お爺さんハ猟をするとき，犬を連れて行かず，お婆さんガ連れて行きます。

など，対比の場合は，規則Ⅲの例外となる。すなわち，ハの働きは，「行き」「行かず」までで止まり，主文の述語にまで及ばない。また，

K　お爺さんガ猟をするとき，犬を連れて行き，お婆さんハ犬を連れて行きません。

L　お爺さんガ猟をするとき，犬を連れて行かず，お婆さんガ犬を連れて行きます。

などにおいて，犬を連れて行く／行かないのがお爺さんであることは，明らかである。対比的用法の場合，ガの機能も異なるということになる。

4. 既知と未知

「一体、なんの騒ぎですか？」という質問に対する答えとして、A・Bのどちらが適格かと言えば、Aになる。

　A　「駅前ガ火事です。」
　B　「駅前ハ火事です。」

　聞き手はニュースの全貌を知りたがっている。ニュースは原則として全体が未知のことについての報道であるから、ガの上も、ガの下も未知の情報で、両方併せて、ひとつのニュースになる。新聞を開いて、試みに見出しで確認してほしい。「清原ガ巨人へ」「慶応ガ早稲田を」など、ガが目立つことであろう。ガはニュースの構築に使用される助詞である。Bは「駅前」についての説明である。聞き手は「駅前」についての説明を求めてはいないので、不適格な答えとなる。

　「どこが火事ですか？」という質問に対する答えとして、A・Bのどちらが適格かと言えば、Aになる。

　A　「駅前ガ火事です。」
　B　「駅前ハ火事です。」

　質問者は「火事が起こったこと」については知っているから、「火事です。」は省略して単に「駅前です。」だけでもよい。問題は場所なのだ。場所についての情報、未知の情報はガの上にくる。したがって、Aが正しい。Bは「駅前」についての説明である。聞き手はそのような説明を求めていない。よって不適格である。

　「火事はどこですか？」という質問に対する答えとして、A・Bのどちらが適格かと言えば、Bになる。

　A　「火事が駅前です。」
　B　「火事は駅前です。」

　質問者は「火事が起こったこと」については知っている。求めている情報は場所に関する情報である。したがって、Aの「火事ガ」とニュースに仕立てる表現は不適格になる。ハの下には未知の情報がくる。火事についての場所的説明をするBが適格となる。

　ハとガの使い分けを、既知・未知の観点から整理した最初の日本人は松下大三郎であった。彼の『標準日本口語法』（1928）においける記述を図式化してまと

めると，次のようになる。

　　　既定・不可変・不自由　＋　ハ　＋　未定・可変・自由
　　　未定・可変・自由　　　＋　ガ　＋　既定・不可変・不自由

　これは，前節までで述べたハとガの規則Ⅰ・Ⅱの現象を説明する原理となるものであると同時に，今日の情報理論による整理の先駆(さき)けをなすものとなっている。ただし，松下は，「未知＋未知」のパターンを見落としていた。

　　　未知　＋　ガ　＋　未知　（駅前が火事だ。）◄── 騒ぎはなんだ。
　　　未知　＋　ガ　＋　既知　（駅前が火事だ。）◄── どこが火事だ。
　　　既知　＋　ハ　＋　未知　（火事は駅前だ。）◄── 火事はどこだ。

5. ガの機能の本質

　大野晋(おおのすすむ)は『日本語の文法を考える』（岩波書店，1978）において，三好達治(みよしたつじ)の「大阿蘇(おおあそ)」という詩をとりあげ，次のように解説している。

　　この詩は，桃太郎のお話と，基本的には同じ構造を持っている。まず最初に，ガが現れる。
　　　雨の中に馬がたつてゐる。
　　　一頭二頭仔馬(こうま)をまじへた馬の群れが　雨の中にたつてゐる。
　　ここでは「馬が」，「群れが」と二つを未知のものとして登場させた。また，「雨の中に」と冒頭に置いて，はじめから雨がふっていることを示している。三行目でその雨について説明を加える。説明だからハを使って，
　　　雨は蕭々と降つてゐる。
　　と歌う。(中略)
　　　雨が降つてゐる。雨が降つてゐる。
　　と，ありのままに目の前の状況の動きを描写し，最後に，
　　　雨は蕭々(せうせう)と降つてゐる
　　と静かに説明的に述べてこの一章を終えている。

　大野はハとガの規則Ⅰ（「具体的な事実の叙述に聴き手の目撃しない事物を初出するときにはガを用いてハを用いない」）で，この詩のハとガを説明しようとしている。しかし，この詩を規則Ⅰで説明するのは無理である。波線部にあるこ

とを前提とするなら, 詩の最後になって,「雨が降つてゐる。雨が降つてゐる。」が出てくることが説明できない。この2行はリフレインでもない。ここだけの表現なのである。ガは, 事柄を眼前に据え, 対象化する機能があると考えることにより, この詩のガは解ける。

夏目漱石の弟子, 内田百閒は『贋作吾輩は猫である』において, 死んでしまったはずの猫を蘇生させて, 師匠の『吾輩は猫である』のその後を書き継ぐという力技を示しているが, ハとガの対比的用法でも切れ味のよいところを見せている。

『旅順入城式』という短編作品は,「活動写真の会」に参加した「私」の見聞を綴ったもので, 報告風の淡々とした語り口の作品である。「私はその一場面を見ただけで, 二十年前に歌ひ忘れた軍歌の節を思ひ出す様な気持ちがした。」など,「私は」が基調なのであるが, 次の一か所だけ「私が」になっている。

　「あれは何と云ふ山だらう」と私がきいた。
　「知りません」と私の傍に起つて見てゐた学生が答へた。

これまでは, 語り手である「私」と行為者である「私」は一体であったが, ここの部分では, 行為者としての「私」が語り手から突き放され,「会場」の中の観衆の一人になってしまう。「語り」というなだらかな流れの中で, この部分だけが,「劇」として取り出され描写されて読者の眼前に提供されるのである。「私」はこの作品の冒頭から登場する。ハとガの規則Ⅰの適用は不可能である。ガは叙述内容を対象化するという記述こそふさわしい。

■ 発展問題

(1) ハとガの用法の微妙さを調査により確認してみよう。
　① 芥川龍之介『羅生門』の一節, 新聞記事の一部などを抜き出し, その文章中のハとガのすべてを空格（10個程度）にし, 数人に依頼し, その空格にハかガを入れてもらう。
　② A 原文と解答の一致率が高い文の特徴はなにか考える。
　　　B 原文と解答の一致率が低い文の特徴はなにか考える。
　③ ①の作業を1か月後に同一人に対して行い, 解答が同じであるか否かを確認する。

④ ユレがあった場合，それぞれの原因について考える。

(2) 鷗外全集・漱石全集などにより，冒頭文を調査し，ハで始まるものとガで始まるものに分類し，比率を出してみよう。

(3) (2) と同じ作業を，① 新聞の社説（1か月分），② グリム童話集・イソップ寓話集，③ 幸田文随筆集などで行い，比率の比較をしてみよう。

■ 参考文献

1) 春日政治『尋常小学国語読本の語法研究』（修文館，1918）
2) 松村　明「主格表現における助詞「が」と「は」の問題」（国語学振興会編『現代日本語の研究』白水社，1942）
3) 松村　明『江戸語東京語の研究』（東京堂出版，1957）
4) 服部四郎他編『日本の言語学3文法Ⅰ』（大修館書店，1978）
5) 松下大三郎『増補校訂標準日本口語法』（中文館書店，1930：復刻，勉誠出版，1979）
6) 久野　暲『日本文法研究』（大修館書店，1973）
7) 大野　晋『日本文法を考える』（岩波新書，岩波書店，1978）
8) 野田尚史『「は」と「が」』（くろしお出版，1996）
9) 小池清治『現代日本語文法入門』（ちくま学芸文庫，筑摩書房，1997）

第11章 「わかりますか？」と「わかりますか。」はどちらが正しいか？

【表記・助詞】

キーワード：疑問符号・イントネーション

1. 学校教育での規範的表記

A　わかりますか？

B　わかりますか。

学校教育の現場では，Bの表記が正しい書き方とされている。理由は，疑問の意は終助詞「か」で表されているので，疑問符号「？」は余分になるからというものである。この理由付けは本当に正しいのであろうか。

終助詞「か」の意味を調べてみよう。

① 疑問を表わす。遠まわしにぼかしていうときにも使う。例ほんとうではないかと思う／それではだめになるのではあるまいか／ありうることだろうか／おまちがいではないでしょうか

② 質問を表わす。

　イ　特定の聞き手を考えず，一般的に問う。あるいは自分に問う。例われわれは何をなさねばならないのか／どう解決したらよいか

　ロ　返答を期待しながら聞き手にたずねる。例いらっしゃいますか／この方ですか／ほんとかね／駅はあそこかな

　ハ　反問を表わす。例電話かい。電話なら玄関にある／これかい。これは子どものころの写真だ

　ニ　詰問・反ばくを表わす。例早くしないか／こんなに遅くまでどこにいたのか／何を言うか

③ 反語を表わす。例負けてたまるか／これが人間のなすべきことであろ

うか
④　誘いや依頼などを表わす。また，同意を求める。例映画に行かないか／そろそろ行こうか／この仕事やってみないか／手伝ってくれないか／読ませていただけないでしょうか
⑤　遠まわしな命令や禁止を表わす。例こら，やめないか／もっと働いたらどうかね
⑥　意志を表わす。例どれ，行くか／ここらで一休みとしようか
⑦　軽い驚きや詠嘆など感動を表わす。例なんだ，おまえか。びっくりした／この男のために何年間も苦しんだのか／探偵小説か，これはよさそうだ
⑧　「ないかなあ」の形で，願望を表わす。例早く来ないかなあ／あした天気にならないかなあ

(『日本文法大辞典』執筆担当小松寿雄(こまつとしお)，明治書院，1971)

　終助詞「か」は多義であり，「か」とあるから疑問と単純に決めてかかることは不可能なのである。
　たとえば，「わかりますか」は，①の疑問の意とも，②の質問の意とも，⑦の軽い驚きや詠嘆など感動の意ともとれるのである。
　①や②は疑問，質問を表している。一方，⑦は疑問を表していない。したがって，「……か。」という表記では，疑問・質問なのか，詠嘆なのか自明とはならない。疑問・質問の意を明示的に示すには，「……か？」という表記が必要となる。言い換えると，「……か。」という，今日の規範的表記は曖昧性を内包する表記であるのに対して，「……か？」という表記は，一義的で明快な表記ということができる。

2. 終助詞で文は完結するか？

　終助詞は文の叙述内容を受け，話し手・書き手の態度を明示し文の型(タイプ)を決定する重要な文の要素なのであるが，この説明においても学校教科書は誤った説明をしている。

A　光村図書出版「国語2」平成5年版
　・もう，帰ってもいいですか。
　・きれいな髪だなあ。
　・教室で騒ぐな。
　　文や文節の終りに付いて，話し手・書き手の気持ちや態度を表す助詞を終助詞という。終助詞には，次のようなものがある。
　　か・かしら・な（なあ）・ね（ねえ）・な・ぞ・よ・の・わ・とも

B　東京書籍「新しい国語3」平成5年版
　　文の終りについて，話し手・書き手のいろいろな気持ちを表す。
　　か　寒くありませんか。　〈質問〉
　　　　これでいいのだろうか。〈疑問〉

C　教育出版「新版中学国語3」平成5年版
　　文や文節の終りについて，話し手（書き手）の気持ちや態度を表す。
　　な（なあ）・ね（ねえ）・さ・よ・の・わ・や・ぞ・とも・もの・ものか（もんか）・な・かしら
　　（例）これがいいなあ。
　　これでね，いいよ。
　　大声出すな。明日ははれるだろうか。

　他の出版社の記述も上に示したものと大同小異なので省略する。なお，高等学校の教科書も同断である。
　教科書の記述の要点について確認する。
　①　文の終りについているか？
　　・もう，帰ってもいいですか。
　　・寒くありませんか。
　　・これがいいなあ。
　〔答〕　文の終りについていない。それぞれの文の終りは「。」（下降調または上昇調イントネーション）である。

② 話し手・書き手の気持ちや態度を表しているか？
〔答〕 表していない。
・もう，帰ってもいいんですか？
・寒くありませんか？
・これがいいなあ？
（「？」上昇調イントネーション。オーム返し発言確認文を表す。）

このような操作を加えると，まず，発話者が変わってしまう。「もう，帰ってもいいんですか」と質問しているのは，この操作を加えた発話者にとっての聞き手である。したがって，「か」は「話し手・書き手の気持ちや態度を表していない。この操作文の話し手の気持ちや態度は「？」で表されている。

「か」「なあ」など，終助詞は文の型（タイプ），すなわち，疑問文・質問文・感動文・禁止文・願望文・勧誘文・注意喚起文・共感同意要求文などの種類を決定するだけで，文全体の意味を決定していない。話し手の気持ちや態度を表し，表現の型（タイプ）を明示し，文意を完結し文を終止させるのは，非分節音のイントネーションなのである。いま「？」で表したものを，あえて分節音で表せば，操作文は次のようになる。
・もう，帰ってもいいんですかだって。
・寒くありませんかって聞いたのか。
・これがいいなあってお前いったのか。

オーム返し型発言確認質問文の「？」はこれだけの言語量がある。教科書の編者・著者にはこれが見えなかったようだ。

ちなみに，定評のある『文法大辞典』（明治書院）や国語学会編の『国語学大辞典』（東京堂出版），『日本語教育事典』（大修館書店），『日本語教育ハンドブック典』（大修館書店）も「終助詞」については同様の誤りを犯している。

『文法大辞典』終助詞しゅうじょし（執筆担当，山口明穂（やまぐちあきほ））

　　文の終わりにあって，文を完結させ，同時に感動・禁止・疑問・反語・願望・強意などの意を表わす助詞。これに分類される助詞としては，古語では「な・そ・ばや・なむ（なん・なも）・もがな・（もが・もがも）・かな（かも）・かし・か・な（も）・よ」　現代語では「な（禁止）・な（感動）・か・

とも・よ・ね・さ・ぜ・ぞ」などの各語が挙げられる。（中略）
【機能】終助詞は，体言や用言，その他いろいろの語につき，文を終止する働きをもつ。（下略）

『国語学大辞典』　終助詞（執筆担当，渡辺 実）
　　品詞の一つ。意義的には疑問・命令・感動など情意的な活動を表わし，職能的には言葉を切って文を成立させる助詞。「あなたは行きます<u>か</u>」「こっちを向く<u>な</u>」「わかってる<u>さ</u>」などがこれに属するとされる。これらの助詞は文末にあって，そこで必ず言葉を切って文を成立せしめるものとして，日本語の中でも注目すべきものである。（下略）

『日本語教育事典』終助詞（執筆担当，仁田義雄）
　　命題に付き，それに，話し手の命題目当てのパラダイグマティックな関係を付与し，そのことによって文を完結させるといったシンタグマティックな関係を与える。

『日本語教育ハンドブック』文末詞（いわゆる終助詞など）（執筆担当，奥津敬一郎）
　　文末詞は文末に位置し，先行する文が表す事柄についての話し手の主観的な気持ちを表す。文を話し手の表現意図から分類することがよくあるが，その気持ちを表すのが文末詞である。
　ア．「か」
　　①　あなたは　日本人です<u>か</u>。
　　②　あした　学校へ　行きます<u>か</u>。（下略）

■ 発展問題

(1) 次のＡａ・Ｂｂの表現の意味の違いについて考えてみよう。
　　Ａ　今の映画，おもしろかった<u>よ</u>。　　ａ　今の映画，おもしろかったよ？
　　Ｂ　今の映画，おもしろかった<u>ね</u>。　　ｂ　今の映画，おもしろかったね？

(2) A・Bの発話について，場面・文脈の相違を考えてみよう。
　　A　学校へ，行くよ。
　　B　学校へ，行くね。

(3) 次の発話の主体は男性か，女性か判定してみよう。
　① よくわかるわ。
　② そんなこと，嘘よ。
　③ そら，行くぜ。
　④ これで，わかるかしら。
　⑤ ほら，月が出るぞ。

(4) 前問で男性と判定された発話は女性の発話に，女性と判定された発話は男性の発話に変換してみよう。

(5) 日本語の終助詞に男女差がある理由について考えてみよう。また，他の品詞（感動詞・形容動詞）などでどう男女差があるかについても考えてみよう。

(6) 日本文法に関する諸説で，文の定義がどうなっているかについて調べてみよう。

■ 参考文献

1) 山田孝雄『日本文法論』（宝文館出版，1908）
2) 佐治圭三「終助詞の機能」（「国語・国文」26巻7号，1957年7月）
3) 堀井令以知他「日本の女性語」（「日本語学」明治書院，1993年5月）
4) 田野村忠温「終助詞の文法」（「日本語学」明治書院，1994年4月）
5) 小池清治『現代日本語文法入門』（ちくま学芸文庫，筑摩書房，1997）

第12章　父親はいつから「オトウサン」になったのか？

【共通語と方言・親族呼称】

キーワード：共通語の成立，周圏型分布・東西型分布・表裏型分布

1. 井伏鱒二『「槌ツァ」と「九郎治ツァン」は喧嘩して私は用語について煩悶すること』

　広島原爆を小説化した傑作『黒い雨』の作者井伏鱒二は，昭和13年（1928）に標記の，おそらく日本近代小説史上最長の，ながったらしい題を有する軽妙な短編小説を書いている。そのなかで，今日の私たちが驚くような事実を彼は報告する。

　井伏は最初に，「私は子供のとき自分の両親を『オトウサン』『オカアサン』と呼ばなかった。」と書き付け，「トトサン」「カカサン」と呼んでいたと告白する。これは，昭和13年以前のこととは言え，やはり古風に過ぎよう。井伏自身，「義太夫（江戸時代中期の芸能。注記など著者。以下同じ）に出る古風な用語」と述べている。ここまでは，井伏家内部の問題で，「へえー」と驚いていれば済むのであるが，見捨てておけないのは，次の段落の冒頭部の記述である。

　　　いまでは私の郷里（広島県山間部）ではどの家でも，子供たちは一様に「オトウサン」「オカアサン」と云っている。これは学校の先生たちが試みた農山漁村文化運動の一つの現れである。

　「オトウサン」「オカアサン」という家庭内の必須用語が学校教育の結果普及したものだと井伏は述べているのである。これは，本当なのだろうか。

　井伏は続けて次のような事実を報告する。

　　　地主のうちの子供は「オトッサン」「オッカサン」と云う。村会議員とか顔役のうちの子供たちは，たいてい「オトッツァン」「オカカン」と云う。自

作農のうちの子供たちは「オトウヤン」「オカアヤン」と云う。小作人のうちの子供たちは「オトッツァ」「オカカ」と云う。阿呆(あほ)らしいような話だが、それは事実であった。

周知のように，日本では方言が発達しているが，これは地域による言語差などという，なまやさしいものではなく，地域のなかの階層方言・家族方言とでもいうべき，きめこまやかさである。このようなきめこまやかな言語差が「学校の先生たち」の努力により，「オトウサン」「オカアサン」という均一(きんいつ)な物言いに「地(じ)ならし」されてしまったというのが，井伏の観察結果報告なのだ。

小説は，このこまやかな言語差が引き起こす悲喜劇に及ぶのだが，それは，読者の興味に委ねることにして，本章では，この「地ならし」の意味することについて考えていくことにする。

2. 『尋常小学読本(じんじょうしょうがくどくほん)』による「地ならし」

明治維新以後，近代国家を目指した日本は，教育制度においても近代化を図り，これを国家の管理下に置いた。そして，教育の要(かなめ)となる教科書を「国定」としたのである。その結果編纂されたものが，『尋常小学読本』（明治37年（1904）より使用）であった。ここで使用される言語は日本全国で使用されるものであるため，教科書本文の策定は全国共通語，当時の用語で言えば，標準語の策定そのものであった。その本文に，「オトウサン」「オカアサン」が採用されたのである。具体的に言えば，巻二（明治36年11月14日印刷，11月17日発行）の第1課に，次頁に示す図5，図6のようにある。これには，学校にあがったばかりの小学生もびっくりしたに違いない。なぜなら，彼らの多くは，井伏と同様に，物心(ものごころ)ついたときから両親を「オトウサン」「オカアサン」などとは呼んでいなかったに違いないからである。

父親の呼称の方言形（俚言(りげん)）は実に豊富で，次のようになっている。

青森(あおもり)では，オト・オド・ドド・オヤンジ・アヤ・オッチャ・オトサ・オトサマ・オトチャ

弘前(ひろさき)では，オド・オドサ・デデ

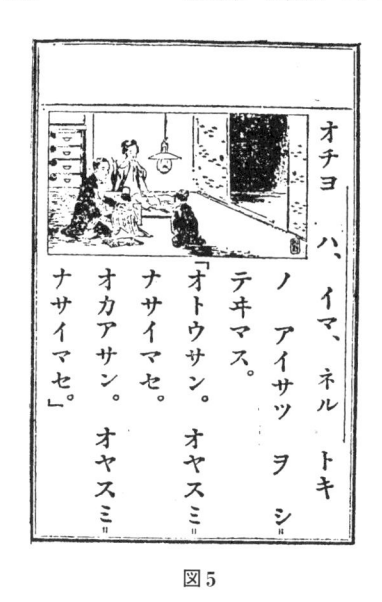

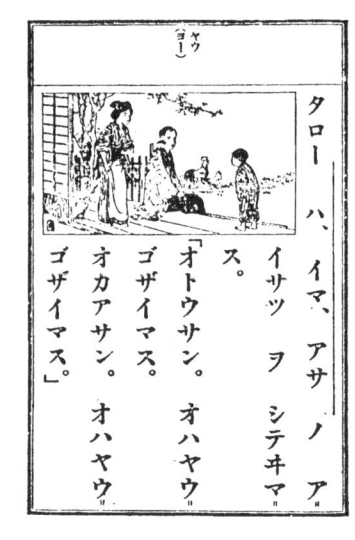

第12章　父親はいつから「オトウサン」になったのか？

```
オチヨ ハ、イマ、ネル トキ
ノ アイサツ ヲ シ
テキマス。
「オトウサン。オヤスミ
ナサイマセ。
オカアサン。オヤスミ
ナサイマセ。」
```

図5

```
タロー ハ、イマ、アサ ノ ア
イサツ ヲ シテキマ
ス。
「オトウサン。オハヤウ
ゴザイマス。
オカアサン。オハヤウ
ゴザイマス。」
```

図6

八戸では，ダダ・アヤ・オヤンズ・アニ
岩手では，オト・オドサン・オドッツァン・オッチャ・オトッチャ
安代では，オドサン・ドド・アヤ
宮城では，オト・オッチャン・オヤズ・オトサン
秋田では，オト・オド・アンチャ・オヤンジ・カマンドモジ・オヤガタ・ワガ
　　　　　オヤガタオダハン・オトサン・オトハン
河辺では，オヤジ・デデ・オド・オドサン
山形では，オヤジ・ダダ・オツァマ・オッチャ・オッチャン・オッツァ・オッ
　　　　　ツァマ　オッツァン・オット・オト・オドーソン・オトサマ・オト
　　　　　チャ・オトツァ・オトッツァ・オトハン
福島では，オドッツァ・チャッチャー・デァデァ・オトッサマ・オトッチャ・
　　　　　オトッツァ
会津では，オトッツァ・オッチャ・オトー・オトッツァ
茨城では，オッチャン・オッチャマ・オトッツァン・オト
栃木では，トーチャン・トーヤン・オッチャー・オッチャン・オッツァー・オ
　　　　　ッツァン・オトッチャ・オトヤン

群馬では，オヤジ・オトッツァン・オトッチャン
埼玉では，オトッツァン・オッチャン・オットー・オト・オトッチ
千葉では，チャー・オト・オド
袖ヶ浦では，チャン・オトッツァン
東京では，オトッツァン・オヤジ
三宅島では，オッチャン・オト・オトッタン
大島では，オトッタン
奥多摩では，オヤジ・オヤジサン・オトッツァン
八丈島では，オット・トトウドノ
神奈川では，オトッチャン・オチャン
新潟では，ツァツァ・トッツァ・トッツァマ・オドッツァマ・オヤジ・オッチャ・オトオトツァ・オトッチャ・オトッツァ
佐渡では，チャン・オッサン・トッチャン
富山では，オトッツァン・トート・トトマ・トット・オトット・オトッチャン・オト
五箇山では，オトト・トッツァ・トート
石川では，オトーサン・オッチャ・オッチャマ・オッツァ・オッツァマ・オッツァン
七尾では，トーチャン・トー・トトー・オトー・オトト・オトッツァン・オヤッサン・オヤジ
福井では，オッツァ・オトッツァン・オッツァ・オッチャ・オッチャン・オッチャンボ・オッツァン
山梨では，チチ・オトーチャン・オチャン・オッチャン・オダサン・オトッタン
長野では，トーヤン・チャン・オトッツァン・オヤジ・トヤン・オッツァー
秋山では，オトッツァ・トッツァ・ツァー・ゴテー
岐阜では，オトッツァン・オットー・オチャー・オッツァマ・オツッツァン・オット・オットー・オトサ・オトッサ
静岡では，トート・トーサン・オヤジ・オチャン
愛知では，トッツァマ・オットー・オトッサマ

三重では，オトッツァン・トッツァン・トト・オトッタン・オトヤン
滋賀では，オトッツァン・トート
京都では，オトーサン・オトーチャン・トーチャン・オトッタン
大阪では，オトーチャン・オトッタン
岸和田では，オヤジ・オヤジサン・オトッツァン・オッサン
兵庫では，オトッタン・トトン・オトー
奈良では，オトーサン・オトッタン・オト・オッタン・オッチャン
十津川では，トーサン・オトーサン・オト
和歌山では，オトッツァン・トッツァン・オトン・オト・オトー・オタン・オタンターン・オッタン・オッチャン・オトサン・オトッチャヤ・オトハン
鳥取では，オトー・オトッツァン・テテー・オテーサン
島根では，チャッチャ・オトッツァン・オッツァン・オトーマ・オトーラン・オトッサー・オトッサン・オトハン
岡山では，オトーサン・オトーチャン・オトン・オトー
広島では，オトーサン・オトッツアン・トト・オトーチャン・オトッタン・オトッツァ
油木では，オトー・オトッツァン
山口では，トーチャン
徳島では，オヤジ・オトーサン・オトーチャン・トーチャン・トーヤン・トーサン
香川では，オトーサン・オヤジ・オタン・オト・オトーハン・オトーヤン・オトサン・オトッサン・オトッタン・オトハン・オトン
淡路島では，オオッチャン
愛媛では，オトーサン・トーチャン・トッチャン・トーヤン・オトッタン・オトヤン
大洲では，オトーサン・トーチャン
高知では，オトーチャン・オトヤン・オテヤン・オトッチャン・オタン・オッタン・オトーノス・オトヤン・オトン
福岡では，トッツァン・トーサン・トットー・オトン

3. なぜ, 「オトッツァン」(「オッカサン」)が選ばれなかったのか?

佐賀では, オトッツァン・オンチャン・オンジサン・オッチャン
長崎では, トーサン・トーチャン・<u>トトサン</u>・チャン・オッタン・オッチャン
福江では, <u>チャチャ・チャー</u>
熊本では, トッツアン・トトサン・オットン
大分では, トッサン・オットサン・オットタン・オットン・オトッタン・オトッチャ・オトヤン・オトン
宮崎では, <u>トトヤン</u>・<u>トトドン</u>・オトッサン・オヤジ・クサレオヤジ・オトッタン
鹿児島では, オトッツァン・オッチャン・オットン
種子島では, オッチャン
奄美大島では, ウトーサン
甑では, オトッチャン・チャン・チャーン・<u>トト</u>・<u>トート</u>
名瀬では, ジュー
沖縄では, ジッチャー
平良では, <u>ウヤン・イゥザ</u>
池間では, イゥザ
長浜では, <u>ウヤー・イゥザー</u>
多良間では, <u>ウヤ</u>・イゥザ
鳩間では, <u>アーヤ・アチャー・イーヤ</u>

たとえば, 学校から帰った青森の子供たちは, 昨日まで,

　オド, オヤスミナサイ。

などと言っていたのに,

　オトウサン, オヤスミナサイマセ。　　　　　　(巻二・第1課)

などと, すましかえってしまった。これには, 親たちもびっくり仰天してしまったことだったろう。

3. なぜ, 「オトッツァン」(「オッカサン」)が選ばれなかったのか?

第一期国定教科書の編纂委員は, 次の九名。吉岡郷甫・笠原篏二・高野辰之・山田麟太郎・上田代吉・武島又次郎・保科孝一・岡田正美・林 泰輔。調査嘱託

としては次の七名である。大和田建樹・島井忱・佐藤誠実・丘浅次郎・三好学・磯田良・脇木鉄五郎。これらの人々の出身地は全国に及ぶ。したがって，「オトウサン」（「オカアサン」）派が多数を占めるということはなかったはずである。なによりも，教科書は，文部省の図書課で編纂されるというものであったから，個人の方言形を押し通すという無理はなされなかったに違いない。調査嘱託が用意した資料に基づき，議論され決定されたものと考えてよかろう。その資料は，前節で紹介したような，全国の方言形（俚言）の一覧表によく似たものであったと思われる。

一般に，全国共通語・標準語は，東京の山手言葉を中心として作られたとされる。たとえば，当時文部省によって設置された国語調査委員会の委嘱を受け，音韻・口語の実態調査を行い，『口語法』（1916），『口語法別記』（1917）を刊行した大槻文彦は，『口語法』の「例言」で，次のように述べている。

　　　現今我ガ国ニ於ケル口語ハ，地方ニワリ頗ル区々ニシテ一致セズ，本書ハ主トシテ今日東京ニ於テ専ラ教育アル人々ノ間ニ行ハルル口語ヲ標準トシテ案定シ，其ノ他ノ地方ニ於ケル口語ノ法則トイヘドモ広ク用キラルルモノハ或程度マデ斟酌シタリ

もし，この基準に従って，父親の語形を決定すれば，「オトッツァン」になったはずである。たとえば，「東京ニ於テ専ラ教育アル人々」のひとりと考えられる夏目漱石の場合を考えてみよう。

夏目漱石は，大正4年（1915）1月13日から2月23日まで，『硝子戸の中』という，身辺雑事や思い出話を記した小品を「東京朝日新聞」「大阪朝日新聞」に39回にわたって連載した。そのなかで，彼は，父親・母親について次のように言及している。

　　それが私の家の下女の声である事に気が付いた。下女は暗い中で私に耳語をするやうに斯ういふのである。――
　　「貴方が御爺さん御婆さんだと思つてゐらつしやる方は，本当はあなたの御父さんと御母さんなのですよ。（下略）」　　　（『硝子戸の中』二十九）
　　愛憎を別にして考へて見ても，母はたしかに品位のある床しい婦人に違なかつた。さうして父よりかしこさうに誰の目にも見えた。気六づかしい兄も，母丈には畏敬の念を抱いてゐた。

「御母(おっか)さんは何も云はないけれども，何処(どこ)かに怖(こわ)いところがある」（中略）私は其所(そこ)に立つて私を眺めてゐる母(はは)に，私の苦(くる)しみを話(はな)して，何うかして下さいと頼(たの)んだ。母は其時微笑しながら，「心配しないでも好いよ。御母(おっか)さんがいくらでも御金(かね)を出(だ)して上(あ)げるから」と云つて呉れた。私は大変嬉(うれ)しかつた。それで安心してまたすやすや寐(ね)てしまつた。（『硝子戸の中』三十八）

見るとおり，漱石の直接の発話ではない。「下女」（女中）や「兄」の，そして，母親自身の物言いなのだが，夏目家の言い方であることは確実であろう。また，「御父(おとつ)さん」という表記からは，「オトッサン」という語形も可能であるが，実際の音形は「オトッツァン」であったと考えた方が自然であろう。このように，「オトッツァン」には，表記と発音とのズレという欠陥があるという難点があることは否定できないが，しかし，この程度のことで，全国共通語・標準語の資格を剥奪されるとは考えにくい。理由は別のところにあるのだろう。

4.「オトウサン」が採用された理由

さて，前節で調査した方言形（俚言(りげん)）をつぶさに観察すると，京都を始めとして，西日本に「オトーサン」が分布していることに気付く。父親の呼称形として全国共通語・標準語として採用されたのは，この西日本型の呼称形なのである。

ところで，一般に，人をどう呼ぶかということは，人に対する待遇と密接に関係する。言い換えると，人物呼称は待遇表現（敬語）の一種なのである。

アリガトウ（ゴザイマス）。

オハヨウ（ゴザイマス）。

これらは，現代日本語の代表的挨拶言葉であるが，形容詞の「ウ音便形(おんびんけい)」による表現である。形容詞のウ音便形は西日本方言のものである。これに代表されるように，待遇表現（敬語）の領域においては，西日本方言の表現形が全国共通語・標準語になっている。

「オトウサン」（「オカアサン」）が採用された理由はここにあった。京都方言は，優雅さの点で江戸弁に勝った。明治の文部省は，日本家庭を，京都のような優雅さをたたえた家庭にしたかったようである。

現実が願いどおり優雅な家庭になったかどうかは怪しいが，言葉の面ではみご

とに達成されたと判定するのがもっとも穏当な評価であろう。

■ 発展問題

(1) 父親の呼称の方言形（俚言）と同じようにして，母親の呼称の方言形（俚言）についても調査してみよう。

(2) 2節の方言形（俚言）の一覧に二重下線を施した言葉について考えてみよう。
① 「アヤ」「アーヤ」は，「青森」「八戸」「安代」という本州の北端部と「鳩間」という最西南端部に分布している。地理的に最も遠隔の地において，酷似した語形が使用されているのは，なぜなのだろうか。（方言周圏論・『蝸牛考』岩波文庫，1980を調べる。）
② 「アヤ」「アーヤ」は，「ウヤン」「ウヤ」「ウヤー」と一グループを作ると推測される。これらから推定される語源はどのようなものか。

(3) 同じく下線を施した言葉について考えてみよう。
① 「ドド・デデ・ダダ・ダァダァ・トート・トトー・チチ・トットー・トトサン・トトヤン・トトドン・トト」の共通性を指摘しよう。
② これらの語源について推定してみよう。

(4) 方言形（俚言）をA親系（アヤ・アーヤ・ウヤなど），B父系（チチ・テテ・トトなど），C夫系（オト・オット・オットサン・オトッツァンなど），D亭主系（ゴテー・オテーサンなど），Eオトーサン系に分け，日本白地図の上にプロットしてみよう。最外輪＝親系，外輪＝父系，中輪＝夫系，内輪＝亭主系，中心部＝オトーサン系と年輪のように分布していることに気付くことであろう。
① この分布は何を意味するか考えてみよう。
② このような分布を周圏型分布という。方言の分布には他に東西型分布，表裏型分布などがある。これらについても調べてみよう。

(5) 西日本方言が全国共通語・標準語になっている例を集めてみよう。

(6) 『古事記』『万葉集』などで，上代における父親・母親の呼称について調べてみよう。

資料

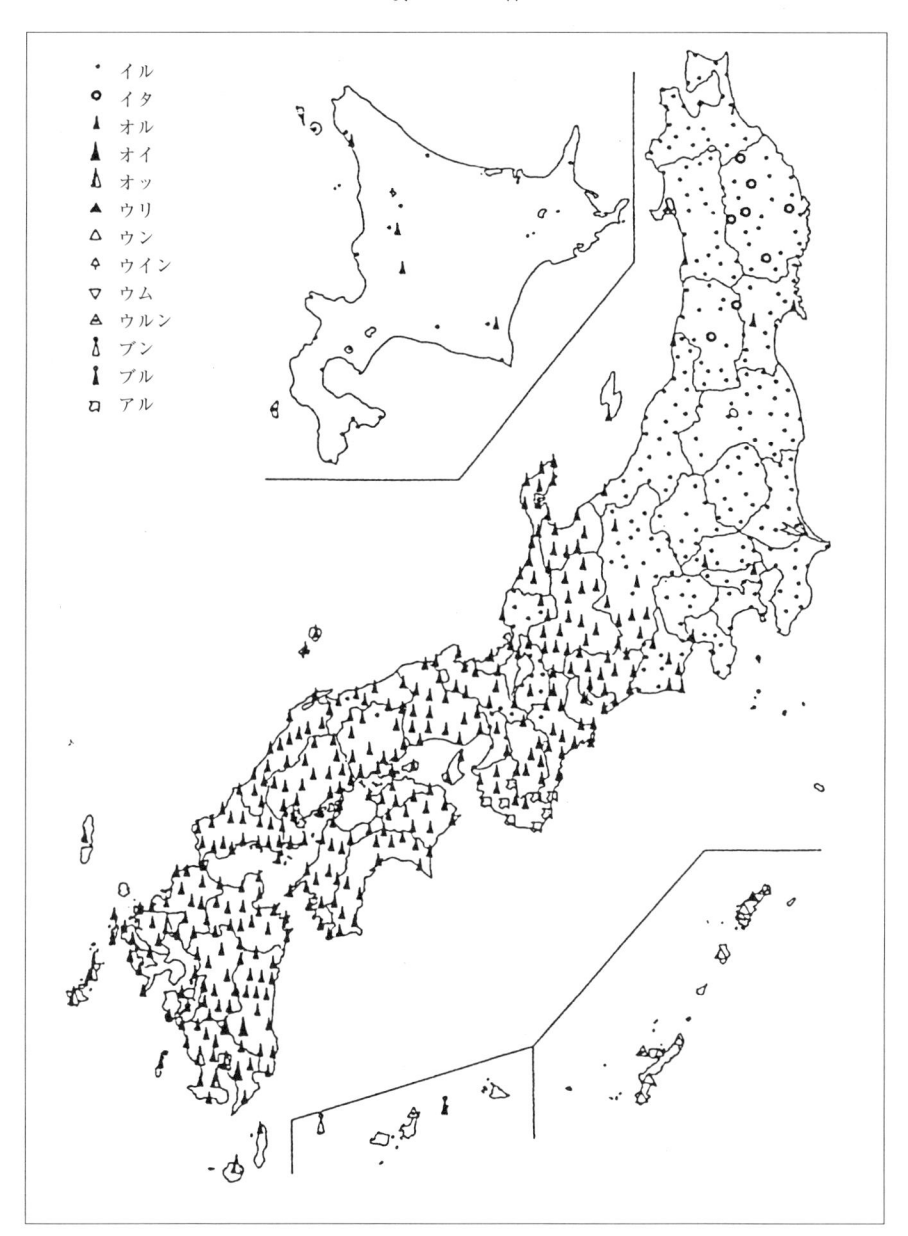

資料1 いる（居）（『日本方言大辞典』小学館, 1989）

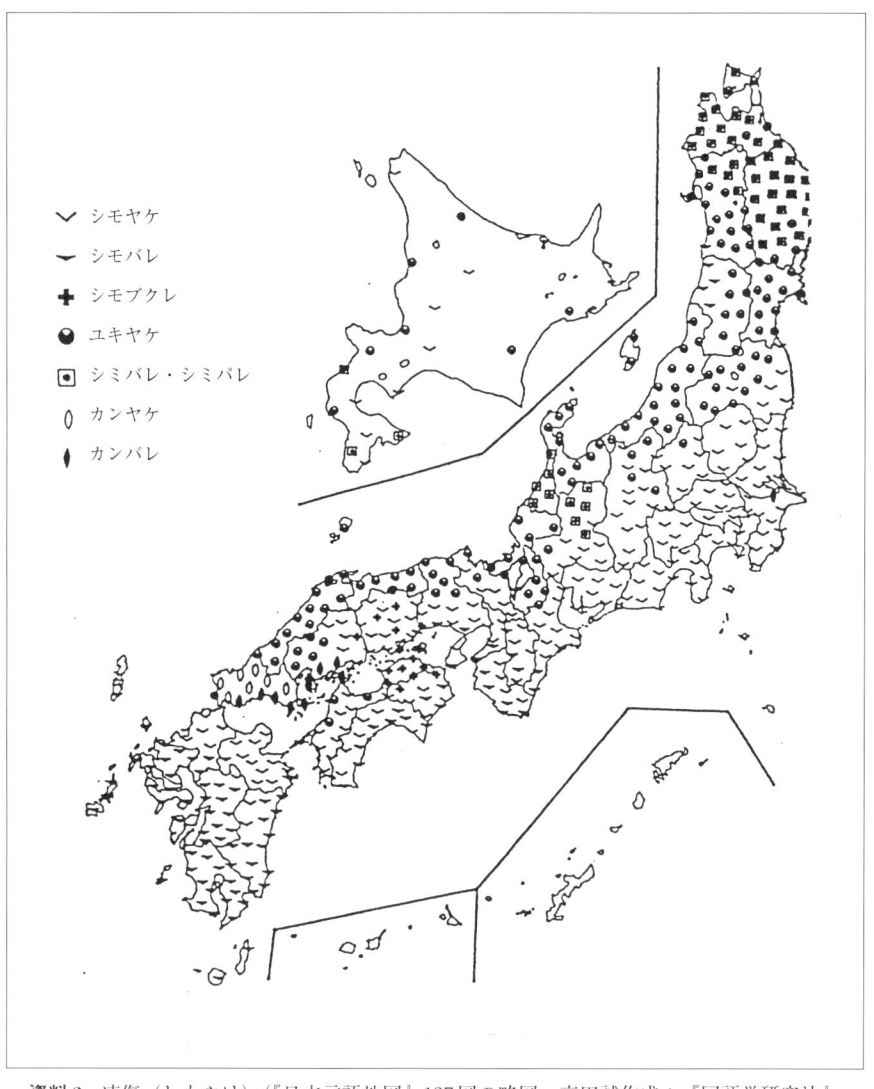

資料2 凍傷（しもやけ）（『日本言語地図』127図の略図．高田誠作成；『国語学研究法』武蔵野書院，1978）

資料   113

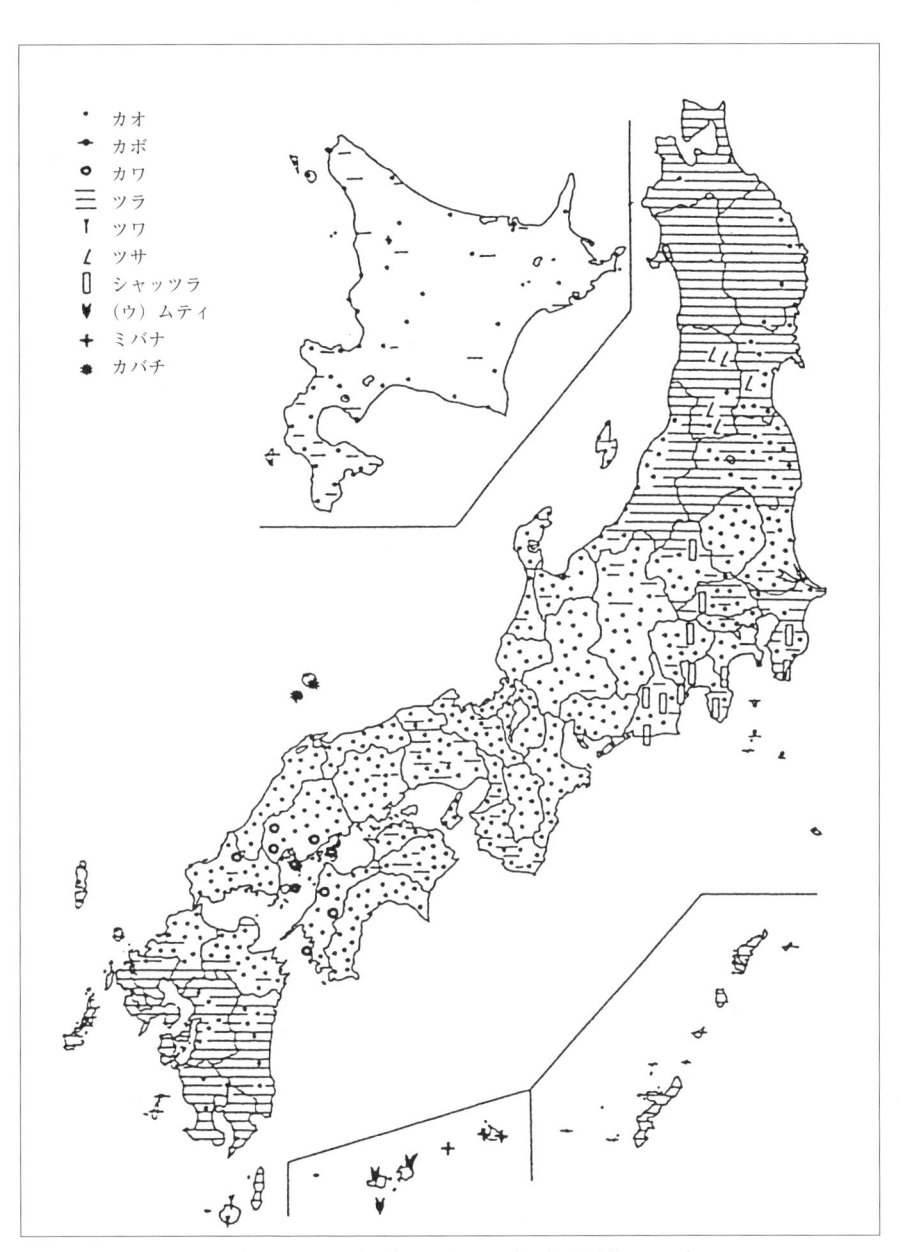

- ・ カオ
- ✦ カボ
- ○ カワ
- ≡ ツラ
- ￤ ツワ
- ⌐ ツサ
- ▯ シャッツラ
- ▼ (ウ)ムティ
- ＋ ミバナ
- ✳ カバチ

資料3 かお（顔）（『日本方言大辞典』小学館, 1989）

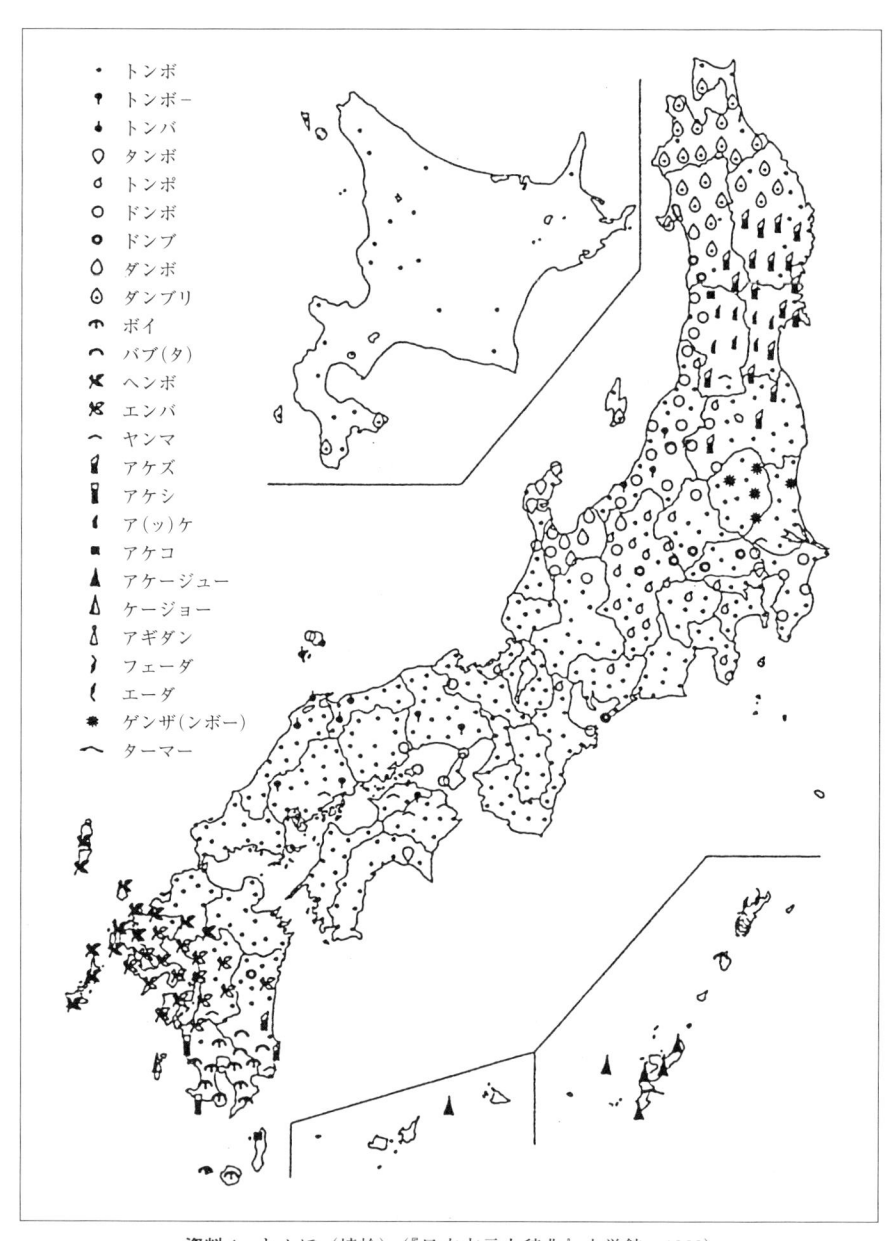

第12章　父親はいつから「オトウサン」になったのか？

- ・　トンボ
- ❢　トンボー
- ♠　トンバ
- ◊　タンボ
- ♩　トンポ
- ○　ドンボ
- ◉　ドンブ
- ◇　ダンボ
- ◊　ダンブリ
- ⌒　ボイ
- ⌢　バブ(タ)
- ✕　ヘンボ
- ✳　エンバ
- ⌢　ヤンマ
- ▮　アケズ
- ▯　アケシ
- ｜　ア(ッ)ケ
- ▪　アケコ
- ▲　アケジュー
- △　ケージョー
- ♎　アギダン
- ⟩　フェーダ
- ⟨　エーダ
- ✸　ゲンザ(ンボー)
- ⌒　ターマー

資料4　とんぼ（蜻蛉）（『日本方言大辞典』小学館，1989）

■ **参考文献**
1) 国立国語研究所編『国定読本用語総覧1 第一期［あ～ん］』(三省堂，1985)
2) 徳川宗賢監修・徳川宗賢・佐藤亮一編・大岩正仲基礎資料収集『日本方言大辞典 上巻 あ～そ』(小学館，1989)
3) 平山輝雄・大島一郎・大野眞男・久野 眞・久野マリ子・杉村孝夫編『現代日本語方言大辞典 4 せ～と』(明治書院，1993)
4) 徳川宗賢編『日本の方言地図』(中公新書，中央公論新社，1979)
5) 北原保雄・徳川宗賢・野村雅昭『国語学研究法』(武蔵野書院，1978)

第13章　夏目漱石はなぜ「夏目嗽石」と署名したのか？

【文学と語学・レトリック】

キーワード：誤字・当て字のレトリック，タイトル・主題・主要レトリック三位一体の技法

1. 驚くべき誤字―自分の名前を書き間違える―

　なんとも情けない話だが，一年間，夏目漱石を講義した後のレポートに，「瀬石の猫は実におもしろい」などという誤字を見出すことがまれではない。著者は，これまでこのような誤字に接した段階で，迷う事なく即座に，怒りを込めて「不可」の烙印を押してきた。

　ところが，最近，この決断に迷いが生じている。というのは，『坊つちやん』の自筆原稿をつぶさに見たところ，千円札の肖像画の主，漱石先生はなんと「夏目嗽石」と署名しているのだ。唖然としてしまった。漱石先生ともあろうお方が，自分のペンネームを書き間違えている。自分の名前を書き間違える学生は，著者の勤める大学にもさすがにいない。おそらく，漢字を学び始めたばかりの小学生でさえも，自分の名前を書き間違えるという粗忽なことはしないだろう。だが，文豪夏目漱石が，その粗忽をやっている。これは，一体なぜなのだろうか。

2.『それから』（明治42.6.27～10.14）―反復の技法―

　夏目漱石は多くの優れた文学作品を後世に残したばかりではなく，東京帝国大学からの博士号の授与を辞退するという見識をも示した大学者だということを私たちは知っている。また，少年期には，漢文学の教育で名高い二松学舎で漢詩の制作を学び，漢詩の制作を生涯の楽しみにしていたということも知っている。そういう夏目漱石であるから，漢字に関する知識は今日の平均的教養人以上のものであったに違いないのである。

それだけに，筆名・号の「漱石」を「嗽石」と誤記した粗忽が信じられないのだが，一方，夏目漱石の言辞が企みに満ちたものであったということを思う時，この「嗽石」にもなにか仕掛けがあるのだろうと思われてくるのだ。

いかに漱石の言辞が企みに満ちているかということを実例によって確認しておく。まず，『それから』について見てみよう。

漱石は，新聞に連載する予告文を次のように認めている。

「連載予告文」（明治42.6.21）東京朝日新聞

　　　色々な意味に於てそれからである。『三四郎』には大学生の事を描いたが，此小説にはそれから先のことを描いたから，それからである。『三四郎』の主人公はあの通り単純であるが，此主人公はそれから後の男であるから此点に於てもそれからである。此主人公は最後に，妙な運命に陥る。それからさき何うなるかは描いてない。此意味に於ても亦それからである。

漱石は，この200字足らずの短い文章で，「それから」を7回も使用している。二重下線を施した「それから」はタイトルで4回，波線を施した「それから」は普通用法の「それから」で3回，合計7個もの「それから」をはめ込んでいる。漱石は一流のコピーライターであったと考えられる。これは宣伝効果抜群のコピーである。

考えてみると，「それから」という言葉自体，反復を意味する言葉なのだった。漱石はすでに，企みの技を展開していた。

このようにして，始められた「反復技法大作戦」は，本文において惜しげもなく投入される反復表現により，次々と展開されていく。

　　　彼は自ら切り開いた此運命の断片を頭に乗せて，父と決戦すべき準備を整へた。父の後には兄がゐた。嫂がゐた。是等と戦つた後には平岡がゐた。是等を切り抜けても大きな社会があつた。個人の自由と情実を毫も斟酌して呉れない器械の様な社会があつた。　　　　　　　　　　（十五の一）
　　　代助は守宮に気が付く毎に厭な心持がした。其動かない姿が妙に気に掛つた。彼の精神は鋭どさのあまりから来る迷信に陥いつた。三千代は危険だと想像した。三千代は今苦しみつつあると想像した。三千代は今死につつあると想像した。三千代は死ぬ前に，もう一遍自分に逢ひたがつて死に切れずに息を

偸んでいきてゐると想像した。代助は拳を固めて，割れる程平岡の門を敲かずにはゐられなくなつた。　　　　　　　　　　　　　　　　（十七の一）
　忽ち赤い郵便筒が眼に付いた。すると其赤い色が忽ち代助の頭の中に飛び込んで，くるくると回転し始めた。傘屋の看板に，赤い蝙蝠傘を四つ重ねて高く釣るしてあつた。傘の色が，又代助の頭に飛び込んで，くるくると渦を巻いた。四つ角に，大きい真赤な風船玉を売つてるものがあつた。電車が急に角を曲るとき，風船玉は追懸て来て，代助の頭に飛び付いた。小包郵便を載せた赤い車がはつと電車と擦れ違ふとき，又代助の頭の中に吸ひ込まれた。烟草屋の暖簾が赤かつた。売出しの旗も赤かつた。電柱が赤かつた。赤ペンキの看板がそれから，それへと続いた。仕舞には世の中が真赤になつた。さうして，代助の頭を中心としてくるりくるりと焔の息を吹いて回転した。代助は自分の頭が焼け尽きる迄電車に乗つて行かうと決心した。（十七の三）

　ところで，漱石は職業作家として世に出る前に，学者・研究者として大著『文学論』を刊行している。その「第四編第六章対置法第二節強勢法」は反復の技法について論じたものであるが，それは次のようになっている。

　　強勢法とは，aを緩和せしむるにbを以てするものにあらず，新たにbなる
　　素材を加へて，aの効果を大ならしむるものなり。

　そうして，シェークスピアからの実例を次のように示す。

　　Go thou to Richmond, and good fortune guide thee！［to Dorset］
　　Go thou to Richard, and good angels guard thee！［to Anne］
　　Go thou to sancutuary, and good thoughts possess thee！［to Q. Elizabeth］
　　　　　　　　　　　　　　　　（Richard Ⅲ，Act Ⅳ，sc. i. ll. 92-7.）

ここに，「三千代は……と想像した。」「三千代は……と想像した。」「三千代は……と想像した。」「三千代は……と想像した。」のお手本があった。

　ここまでくると，舌を巻かざるをえない。漱石は職業作家になるまえに，その職業の理論武装をしていた。そればかりか，武器を磨き上げるコツをマスターしていたのだ。

　『それから』とタイトルで示した。それは，予告文にあるように，当然主題でもあった。そして，この作品の装いを全編「反復の技法」により漱石は飾り立て

ているのである。

　タイトル・主題・主要技法の三点が具備されている作品を三位一体の技法による作品というとき、『それから』はまさしく、三位一体の技法によって作り上げられた名作であると評価してよいだろう。

　夏目漱石の言辞はかくも企みに満ちているのだ。

　「三位一体の技法」が『それから』一作に限られていれば、「さすが漱石！」と感心していればすむのであるが、漱石は、この程度では満足しない。そのことは、以下の節を読めば明らかになるだろう。

3.『虞美人草』の擬人法の意味

　漱石は、明治40年5月28日付の「朝日新聞」（東京版・大阪版）の「小説予告 虞美人草」において、次のように記している。

　　昨夜は豊隆子と森川町を散歩して草花を二鉢買つた。植木屋に何と云ふ花かと聞いて見たら虞美人草だと云ふ。

　　折柄、小説の題に窮して、予告の時期に後れるのが気の毒に思つて居つたので、好加減ながら、つい花の名を拝借して巻頭に冠らすことにした。

　　純白と、深紅と濃き紫のかたまりが逝く春の宵の灯影に、幾重の花瓣を皺苦茶に畳んで、乱れながらに、鋸を欺く粗き葉の尽くる頭に、重きに過ぎる朶々の冠を擡ぐる風情は、艶とは云へ、一種、妖冶な感じがある。余の小説が此花と同じ趣を具ふるかは、作り上げて見なければ余と雖も判じがたい。

　　社では予告が必要だと云ふ。予告には題が必要である。題には虞美人草が必要で——ないかも知れぬが、一寸重宝であった。聊か虞美人草の由来を述べて、虞美人草の製作に取りかかる。　　　　　　　五月二十八日

　おそらく、これは実際にあったことなのだろう。そうして、この偶然の「虞美人草」を漱石は、天啓として受け止め、企みの技を展開するのだ。

　前述のごとく、漢詩文に詳しい漱石は、「虞美人草」の「虞美人」が、楚の項羽の寵姫を意味することを悟り、ついで、劉邦により項羽が垓下に囲まれた時、最後の宴で、「力山を抜き気は世を蓋う。時利あらず……、虞や虞や汝をいかん

せん」と歌い、嘆じたという悲劇とともに、この草花がヒナゲシの別名を持つ、虞美人が死んだあとに咲いた花であるということを思ったに違いないのである。

ところで、「虞美人草」という言葉は、「虞美人」という人間と、「草」という自然とが一体になった言葉である。レトリックの観点からとらえれば、擬人法の表現なのである。そこで、この作品には、不自然と思われるほど擬人法が登場することになる。

そのことは、後で示すことにして、まず、この作品で「虞美人草」が使用されている部分を確認しておこう。

　……春に誇るものは悉（ことごと）く亡（ほろ）ぶ。我の女は虚栄の毒を仰（あお）いで斃（たお）れた。花に相手を失った風は、徒（いたず）らに亡き人の部屋に薫り初める。
　藤尾は北を枕に寐（ね）る。薄く掛けた友禅（ゆうぜん）の小夜着（さよぎ）には片輪車（かたわぐるま）を浮世（うきよ）らしからぬ格好に、染め抜いた。上には半分程色づいた蔦が一面に這（は）ひかかる。淋（さび）しき模様である。……

　　（中略）

　逆さに立てたのは二枚折（おり）の銀屏（ぎんびょう）である。一面に冴へ返る月の色の方（ほう）六尺のなかに、会釈もなく、緑青を使って、柔腕（なよやか）なる茎を乱（みだ）るる許（ばかり）に描（か）いた。不規則にぎざぎざを畳（たた）む鋸葉（のこぎりば）を描いた。……落つるも銀の中と思はせる程に描いた。花は<u>虞美人草</u>である。落款（らっかん）は抱一（ほういつ）である。……　　（十九の一　第125回）

ヒロイン藤尾の死の枕辺（まくらべ）を飾る逆さ屏風の絵柄（えがら）の一つとして「虞美人草」は登場する。この作品は127回の連載で終了しているので、最終回の2回ほど前にそそくさと登場させていることになる。「虞美人草」の使用は、ここでの1回だけである。これで、作品全体を『虞美人草』とするのは無理であろう。『虞美人草』をタイトルとするためには、もう少し理由が必要だ。

漱石は、先にも述べたごとく、この作品を擬人法で満ちあふれさせている。
① 　恐ろしい頑固（がんこ）な山だなあ。　　　　　　　　　　　　　　　（一）
② 　行く人を両手に遮（さえぎ）る杉の根は……　　　　　　　　　　　（一）
③ 　黒い靴足袋（たび）が三分一裏返しに丸く蹲踞（うずくま）って居る。……練歯粉（ねりはみがき）と白楊子（しろようじ）が挨拶してゐる。　　　　　　　　　　　　　　　　　　　　　　　　　　　（三）
④ 　長芋（ながいも）の白茶（しろちゃ）に寝転んでゐる傍（かたわら）に、一片の玉子焼が黄色く圧（お）し潰（つぶ）され様とし

て，苦し紛れに首丈飯の境に突き込んでゐる。　　　　　　　　（三）
⑤　愛嬌が示談の上，不安に借家を譲り渡した迄である。　　　　（四）
⑥　過去は死んで居る。　　　　　　　　　　　　　　　　　　　（八）
⑦　自然は対照を好む。　　　　　　　　　　　　　　　　　　（十二）

　④は，駅弁の描写である。滑稽といってよい。作者の真面目さを疑わしめる恐れのある表現で，真意を測りかねるものだ。そういう危険を冒してまで漱石は擬人法を酷使しているのである。
　これも，おどろくに価することなのだが，直前に刊行された『文学論』において，なんと彼は，擬人法は嫌いだと書いている。
　第四編「投出語法」（Projective language）
　a　例　雲足早し。木の葉の私語。引出しの手。縫針の目。鐘の舌。
　b　元来余は所謂抽象的事物の擬人法に接する度毎に，其多くの場合が態とらしく気取りたるに頗る不快を感じ，延いては此語法を総じて厭ふべきものと断定するに至れり。
　⑤⑥⑦は「所謂抽象的事物の擬人法」である。「厭ふべきものと断定」したにもかかわらず，漱石はかくのごとく多用する。その理由は，ただ一つ，タイトルが『虞美人草』だからなのだ。もしこれが，別名の「ヒナゲシ」や「ポピー」ででもあったとするならば，嫌いな擬人法を多用することはなかったろう。ここに漱石の三位一体へのこだわりを見ることができよう。漱石を突き動かすものは物ではない。言葉なのだ。
　さて，主題については，どうなのだろうか。
　先の引用で明らかなように，女主人公藤尾は「虚栄の毒を仰いで斃れ」ている。この死は，愛を貫くためのものと解釈できる。ここに，「虞美人」の人生が反映している。
　また，「藤尾」は生前，愛する「小野君」に英語を学んでいる。その際のテキストは，なんとシェークスピアの『クレオパトラ』なのだ。この作品には，かのクレオパトラが登場する。「虞美人草」はたったの1回だけだったが，「クレオパトラ」は19回も使用されている。
　「この女は羅馬へ行く積なんでせうか」

女は腑に落ちぬ不快の面持ちで男の顔を見た。
小野さんは「クレオパトラ」の行為に対して責任を持たねばならぬ。
「行きはしませんよ。行きはしませんよ」と縁もない女王を弁護した様な事を云ふ。　　　　　　　　　　　　　　　　　　　　　　（二）

　クレオパトラも辱しめを避け，愛を守るために自ら死を選んだ女性であった。
　「虞美人草」は，主要レトリックとして擬人法を導き出し，クレオパトラを登場させ，ヒロイン藤尾が愛のために死ぬという運命を決定付けてしまった。
　天与の「虞美人草」に漱石はみごとな意味付けをしている。『虞美人草』はいうまでもなく，職業作家夏目漱石のデビュー作なのである。最初の第一作から，彼は，タイトル・主題・主要レトリック三位一体の技法を高く掲げていた。

4.『道草』の恐ろしさ―迂言法（ペリフラシス）―

　『道草』という作品は，自らの体験に基づくという自然主義的創作方法を嫌う漱石にしては珍しい，唯一自伝的要素を有する個性的作品である。作品の思想性を問い，意味・内容にのみに目を向け，表現の方法を軽視する研究者にとっては手強い作品でもあるだろう。なぜならば，この作品においては，「道草」という言葉が一度も使用されていないからである。
　『虞美人草』では，前述のごとく，たった一度だけ「虞美人草」という言葉を使用していた。これは，タイトルとしたことに対して責任をとるためにとった措置と解釈できる。しかし，この『道草』では，責任をとるなどという可愛らしいことを漱石はやめてしまう。彼は，作家として，甲羅を経，面の皮も厚くなり，タイトルへの，表面的・明示的義理立てなどという煩わしいことをスッパリ省略してしまったのである。
　では，なぜ，この作品は『道草』なのであろうか。これに対する答えは，賢明な読者はすでにおわかりのことと思う。三位一体の技法を応用すれば，容易に理解されるからである。この作品は，全編，迂言法（ペリフラシス）によって貫かれている。迂言法（ペリフラシス）とは物事を直接的に表現せず，遠回りに表現する技法をいう。『道草』という作品名は，この作品の主要レトリックを暗示したものなのである。文学の歴史において，作品の主要レトリックを作品名にするという破天荒の試みをしたのは夏目

4.『道草』の恐ろしさ

漱石，たった独りなのではなかろうか。そういう意味では，この作品は野心作であり，けれん味たっぷりの作品なのである。

「健三が遠い所から帰つて来て駒込の奥に所帯を持つのは東京を出てから何年目になるだらう。」と漱石は書き始める。「遠い所」とはどこだろう。なぜ，こんな書き方をするのだろう。

「彼が遠い所から持って来た書物の箱を此六畳の中で開けた時，彼は山のやうな洋書の裡に胡座をかいて，一週間も二週間も暮らしてゐた。」この表現と漱石の実人生を照合するならば，「遠い所＝ロンドンあるいは英国」ということになる。「ロンドン」または「英国」と書けば一言ですむところを，「遠い所」という，もって回った言い方，遠回しな言い方をする。漱石は，冒頭の第一センテンスから迂言法を使用している。これは，この作品は迂言法でいくよ，という宣言の迂言法なのである。なんとも凝った書きぶりで，恐れ入る。

- ・眸を其人の方角に向けた。＝見た。
- ・彼の頭と活字の交渉が複雑になればなる程＝読書
- ・だから索漠たる曠野の方角へ向けて生活の路を歩いて行きながら＝孤独な生き方をしながら
- ・子供の時の自分に明らかな記憶の探照灯を向けた。＝注意深く思い出した。
- ・姉は肉のない細い腕を捲つて健三の前に出して見せた。＝痩せた腕
- ・赤い印気で汚ない半紙をなすくる業は漸く済んだ。＝添削
- ・彼は血に飢えた。しかも他を屠る事が出来ないので已むを得ず自分の血を啜つて満足した。＝自伝的小説を書いて

頭が変になりそうだ。こんなにもって回った表現を好む男との付き合いはどんなものになるかと考えただけで嫌になる。

ところで，迂言法の特徴は，物事を常識の世界から，個の世界へ解放する。そして，個の内面を照らし出してしまう。

リンゴ	a	林檎	常識の目
	b	赤い実の食べ物	鳥の目
	c	ビタミンの豊富な食品	栄養士の目
	d	よく売れる商品	商人の目
	e	風邪の患者を激減させる敵	医者の目

まだあるだろう。aは迂言法ではない。たんなる表記の相違に過ぎない。b以下の言葉数を増やした解説的表現が迂言法(ペリフラシス)によるものだ。

『道草』には血も凍り付きそうな恐ろしい迂言法がある。これが「健三」の内面だ。

「確(しっ)かりしろ」

すぐ立つて蒲団の裾の方に廻つた健三は，何うして好いか分らなかつた。其時(そのとき)例の洋燈(ランプ)は細長い火蓋の中で，死のやうに静かな光を薄暗く室内に投げた。健三の眼を落してゐる辺は，夜具の縞さへ判明しないぼんやりした陰で一面に裏(つつ)まれてゐた。

彼は狼狽(ろうばい)した。けれども洋燈(ランプ)を移して其所(そこ)を輝(て)らすのは，男子の見るべからざるものを強ひて見るやうな心持がして気が引けた。彼は已を得ず暗中に模索した。彼の右手(みぎて)は忽ち一種異様の触覚をもつて，<u>今迄経験した事のない或物</u>に触れた。<u>其或物</u>は寒天のやうにぷりぷりしてゐた。さうして輪郭からいつても<u>恰好の判然しない何かの塊</u>に過ぎなかつた。彼は気味の悪い感じを彼の全身に伝へる<u>此 塊</u>を軽く指頭で撫でて見た。塊りは動きもしなければ泣きもしなかつた。ただ撫でるたんびにぷりぷりした寒天のやうなものが剝げ落ちるやうに思へた。若し強く抑へたり持つたりすれば，全体が屹度崩れて仕舞ふに違ないと彼は考へた。彼は恐ろしくなつて急に手を引込めた。

「然し此儘(このまま)にして放つて置いたら，風邪を引くだらう，寒さで凍えてしまふだらう」

死んでゐるか生きてゐるかさへ弁別のつかない彼にも斯ういふ懸念が湧いた。彼は忽ち出産の用意が戸棚の中に入れてあるといつた細君の言葉を思ひ出した。さうしてすぐ自分の後部にある唐紙を開けた。彼は其所から多量の綿(わた)を引き摺(ず)り出した。脱脂綿といふ名さへ知らなかつた彼は，それを無暗に千切つて，<u>柔かい塊</u>の上に載せた。　　　　　　　　　　　（八十）

「<u>今迄経験した事のない或物</u>」「<u>恰好の判然しない何かの塊</u>」「<u>此 塊</u>」「<u>柔かい塊</u>」，これらは，すべて生まれたばかりの「嬰児(えいじ)」「あかちゃん」「あかんぼう」の迂言法(ペリフラシス)である。父親としての感情，愛情がかけらもないということが恐ろしいほど伝わってくる。

漱石は、自らの分身「健三」を告発している。これらの迂言法(ペリフラシス)を出産の苦しみにのたうちまわった妻が耳にしたとするなら、夫「健三」の冷酷さをどう思うだろうか。迂言法(ペリフラシス)は強烈な批判のメスともなる。漱石は『道草』を書いて、作家になる以前の自己を徹底的に分析し、自己批判している。あれは「道草」を食っていた自分なのだと。

夏目漱石の言辞(げんじ)がいかに企(たくら)みに満ちたものであるかの証明はこの程度で十分であろう。

5. 『坊つちやん』の表現技法——レトリックとしての誤字・当て字、漱石作品の原型——

タイトル・主題・主要レトリック三位一体(さんみいったい)の技法を、いったい漱石はいつ頃から用い始めたのであろうか。

『吾輩は猫である』『草枕』『趣味の遺伝』など、職業作家以前の作品群のなかから、この技法による作品を探すとなると容易なことではないのだが、それらのなかで唯一『坊つちやん』だけが三位一体の技法による作品ではないかと今のところ考えている。

山下浩(やましたひろし)が『本文の生態学　漱石・鷗外・芥川』(日本エディタースクール出版、1993)で指摘しているように、『坊つちやん』には誤字・当て字が多い。そのいくつかを次に示してみる。

① 小供（一）　＊『三四郎』にも「小供」とある。
② 是はずつと後の事であるが金を三円許り借してくれた事さへある。何も借せと云つた訳ではない。　　　　　　　　　　　　　　　　　　　　　（一）
③ 慥かな人があるなら借してもいいから周旋してくれと頼んだ事がある。今でも借すかどうか分らんが、……　　　　　　　　　　　　　　　（七）
④ 落ち振れる＝落魄れる　　　　　　　　　　　　　　　　　　　　　（一）
⑤ 商買＝商売　　　　　　　　　　　　　　　　　　　　　　　　　　（一）
⑥ 熱くつて居られやしない。　　　　　　　　　　　　　　　　　　　（二）
⑦ 部屋は熱つかつたが、飯は下宿のよりも大分旨かつた。　　　　　　（二）
⑧ 下宿の五倍位八釜しい。（二）どうも八釜しくて騒々しくつて堪らない。
　　　　　　　　　　　　　　　　　　　　　　　　　　　　　　　　（九）

⑨ 例々と蕎麦の名前をかいて張り付けたねだん付け丈は全く新しい。(三)
⑩ 漢学の先生に，なぜあんなまづいものを例々と懸けて置くんですと尋ねた所，先生があれは海屋と云つて有名な書家のかいた者だと教へてくれた。(九)
⑪ 図迂図迂しくできるものだ。(四)
⑫ 頓と尻餅を突いて，仰向けになつた。(四)
⑬ 椽側 (四)　椽鼻 (七)　＊『門』にもある。
⑭ 擱違をして居やがる。(四)
⑮ 糸丈でげすと顎を撫でて黒人(くろうと)じみた事を云つた。(五)
⑯ 六尋位ぢや鯛は六づかしいなと，赤シヤツは糸を海へなげ込んだ。(五)
⑰ 清は皺苦茶だらけの婆さんだが，どんな所へ連れて出たつて恥づかしい心持はしない。(五)
⑱ 矢鱈に使つちやいけない。(七)
⑲ おれと山嵐がこんなに注意の焼点になつてるなかに，……(十一)

　この作品は，2週間程度で，一気に書き上げられたと言われている。しかし，だからといって，これらの誤字・当て字が許されてよいというものではないだろう。当時，夏目漱石は，教養の牙城といってよい東京帝国大学の教官でもあった人なのだ。誤字・当て字に象徴される無教養ぶりとは無縁と言ってよい。

　これらのなかには，他の作品にも出てくるものもあるので，『坊つちやん』固有のものばかりではないが，『坊つちやん』に集中的に出てきているということは間違いない。『坊つちやん』におけるこの酷(ひど)さは一体何に由来するのであろうか。

　そういう疑いの目で，読み返してみると，第二節に次のような「坊っちゃん」の述懐が出ていることに気付くのである。

　　　昼飯を食つてから早速清へ手紙をかいてやつた。おれは文章がまづい上に字を知らないから手紙をかくのが大嫌いだ。(二)

　「坊つちやん」のこの言説は，上記の誤字・当て字群で見事に証明されている。私たちは，『坊つちやん』は夏目漱石によって書かれたという，きわめて当然の常識にしたがって，『坊つちやん』を理解しようとして，とてつもない誤字・当

て字群の前で，途方にくれていた。しかし，漱石の前では，この常識は無用であった。「企みに満ちた漱石の言辞」ということを，考察の前提とすれば，なにも困惑する必要はなかったのである。

これらの誤字・当て字の謎は氷解してしまう。これらは「坊つちやん」の教養の程度の反映であったのだと。

やっと，1節の問い掛けに答えることができる。

自筆原稿の「夏目嗽石」は誤字ではなかった。「嗽石」は「坊つちやん」の筆名・号であり，夏目金之助のものではなかったのだ。

夏目金之助・漱石はここまでやる人だった！　脱帽するほかない。

■ 発展問題

(1)　夏目漱石『文芸の哲学的基礎』(1907年)を読み，漱石がなぜレトリックにここまでこだわったのか考えてみよう。

(2)『門』について，次の設問に答えてみよう。
　① 『門』というタイトルの由来はどのようなものか。
　② 『門』の構成はどのようなものか。時間・空間・人間関係などはどのようなものか。
　③ 『門』という漢字の図形としての特徴はどこにあるか。
　④ 『文学論』では「対比法」をどのようなものとして説明しているか。
　⑤ 『門』は三位一体の作品とすることができるか。

(3)『明暗』を三位一体の観点で分析してみよう。

■ 参考文献

1) 小池清治『日本語はいかにつくられたか？』(筑摩書房, 1989, 1995)
2) 小池清治『漱石をよむ』(岩波セミナーブックス, 岩波書店, 1994)
3) 小池清治「『虞美人草』をよむ」(漱石全集月報16, 岩波書店, 1995)
4) 小池清治「文学と言葉の間」(「国文学　言語と文芸」第116号, 1999)

第14章 「夜の底が白くなつた。」 「夜」には「底」があるか？

【文学と語学・レトリック】

キーワード：共存制限（共起制限・選択制限／co-occurrence ・ selectional restriction）

1. 川端康成（かわばたやすなり）『雪國』冒頭部

　国境の長いトンネルを抜けると雪国であつた。夜の底が白くなつた。信号（しんごう）所（じょ）に汽車が止まつた。（振り仮名は著者。以下同じ。）

　冒頭部第二センテンスの「夜の底」に目が奪われる。
　元来，「底」があるのは，鍋（なべ）や釜（かま），袋や穴，川や池や海であり，夜や昼に底はない。それにもかかわらず，川端康成は「夜の底が白くなつた。」と書いている。これはなぜなのだろうか。
　本来，共存しえない語と語との結合を言語学では，「共存制限」を破った表現という。近ごろは，「おいしい　生活」など，キャッチコピーとして商業的に盛んに生産されているが，この「共存制限破り」は，もともと詩の表現技法の代表格であった。『雪國』では，後に示すとおり，「共存制限破り」の「……底」が多用されている。とすれば，『雪國』は散文詩的要素を多分に有する文体で書かれた作品とみなすことができようか。
　『雪國』の舞台は，越後湯沢（えちごゆざわ）である。ここは，山々が眼前まで迫る盆地の底のようなところに広がる小さな温泉街である。あるいは，作家，川端康成はその実景に基づき，「夜の底」と表現したのかもしれない。しかし，問題はそのような実景云々とは別のところにある。「夜の底」という表現は，心得がない者には決してなしえない表現なのだ。

2.『雪國』における「……底」の例

このような目で『雪國』を読み返してみると，この作品には「……底」という表現が少なからず存在することに気づかされる。

① 鏡の底には夕景色(ゆうげしき)が流れてゐて……。
② 雪の色が家々の低い屋根を一層低く見せて，村はしいんと底に沈んでゐるやうだつた。
③ 村は寒気の底へ寝静まつてゐた。
④ 「心の底で笑つてるでせう。今笑つてなくても，きつと後で笑ふわ。」
⑤ 胸の底まで冷えるやうに思はれたが，気がつけば窓を明け放したままなのであつた。
⑥ 一面の雪の凍りつく音が地の底深く鳴つてゐるやうな，厳しい夜景(やけい)であつた。
⑦ 後姿(うしろすがた)が暗い山の底に吸はれて行くやうだつた。
⑧ 駒子(こまこ)が虚しい壁に突きあたる木霊(こだま)に似た音を，島村は自分の胸の底に雪が降りつむやうに聞いた。
⑨ 雪の底で手仕事(てしごと)に根をつめた縫子(ぬいこ)達の暮しは，その製作品の縮(ちぢみ)のやうに爽やかで明るいものではなかつた。
⑩ 海や山の鳴る音を思つてみるだけで，その遠鳴(とおなり)が耳の底を通るやうだつた。
⑪ 駒子の聞き違ひで，かへつて女の体の底まで食ひ入つた言葉を思ふと，島村は未練(みれん)に締めつけられるやうだつたが，俄(にわ)かに火事場(かじば)の人声が聞こえて来た。

「心の底」「胸の底」は習いなくともできる表現である。また，「地の底」「耳の底」はそれぞれ「地底」「耳底」という漢語を開いたもので，これらも「共存制限破り」とすることは無理であろう。②は隠喩とみなすことができる。「共存制限破り」の表現と考えられるものは，「鏡の底」「寒気の底」「山の底」「雪の底」「女の体の底」などである。特に最後の例は強烈である。ここに川端康成の「底」へのこだわりの典型が見られるといってよい。

⑧の表現から，『雪國』は「島村」の「胸」であり「心」であったということ

が可能かもしれない。冒頭部の「夜の底」は単発の表現ではなかった。作品全体に通底する表現と読むべきものと考えられる。

3. 『伊豆の踊子』における「……底」の例

川端は『伊豆の踊子』においても「……底」を次のように巧みに用いている。

「ああ、踊子はまだ宴席に坐つてゐたのだ。坐つて太鼓を打つてゐるのだ。」
太鼓が止むとたまらなかつた。雨の音の底に私は沈み込んでしまつた。

「底」は浮き立つような楽しい場所ではない。『雪国』の「底」はおそらく、そのような意味まで含意するものであったと推測される。

4. 芥川龍之介『羅生門』の「夜の底」

ところで、「夜の底」という「共存制限破り」の表現を用いたのは、川端が最初ではない。この印象的な表現を、芥川龍之介は『羅生門』の中で、次のように用いている。

下人は、剥ぎとつた檜皮色の着物をわきにかかへて、またたく間に急な梯子を夜の底へかけおりた。

この「夜の底」は効果的だ。下人のひた走ることになる都大路は、もはや昨日までの都大路ではない。そこは弱肉強食、獣の生き方を選んだ者が死ぬまで走り続けねばならぬ無明の修羅の巷なのだから。

芥川は第四次「新思潮」の同人であり、川端は第六次「新思潮」の同人であるから、先輩後輩の関係にある。それよりなにより、『羅生門』は教科書古典と称されるほどの傑作である。後輩である川端が読まなかったとは考えにくい。芥川は作品の末尾に使用したが、川端は冒頭の第二センテンスに使用した。あえて、深読みをすれば、「島村」は「下人」の末裔と読むこともできる。

とは言うものの、川端が「夜の底」という表現を芥川から学んだものであるか否かは確定しがたい。しかし、芥川がこのような表現技法を、文学の師匠である夏目漱石から学んだものであるということは確実に言えそうである。なぜならば、漱石こそ、底のないものに底を付けることを好んでやった最初の日本人だからである。

5. 夏目漱石の「……底」の例

- と鈴木君も十年前の不平を記憶の底から喚び起す。　（『吾輩は猫である』）
- 暫くすると同じ黒装束の影が又一つ陰の底から湧いて出る。（『倫敦塔』）
- 憐れの底に気楽な響きがこもつて……　　　　　　　　　（『草枕』）
- 男と女の姿が，死の底に滅り込む春の影の上に……　　　（『虞美人草』）
- 同時に頭の底で見られたと云ふ音がする。　　　　　　　（同上）
- 取り返しが付かぬ運命の底に陥つて……　　　　　　　　（同上）
- 美しい享楽の底に一種の苦悶がある。　　　　　　　　　（『三四郎』）
- 眼を醒す刺戟の底に何処か沈んだ調子のあるのを嬉しく思ひながら…

　　　　　　　　　　　　　　　　　　　　　　　　　　（『それから』）
- かう云ふ意味の孤独の底に陥つて……　　　　　　　　　（同上）
- 千代子は固より夢の底に埋まつてゐる様に正体なく……（『彼岸過迄』）
- 私は臍の底まで冷えました。　　　　　　　　　　　　　（『行人』）
- ところが先生の言葉の底には両方を結び付ける大きな意味があつた。

　　　　　　　　　　　　　　　　　　　　　　　　　　（『こころ』）
- その時八百五十倍の鏡の底に映つつたものは……　　　　（『明暗』）
- 読んだ所で自分の知らうと思ふ事が，そんな筆記の底に潜んでゐやうとは想像できなかつた。

　　　　　　　　　　　　　　　　　　　　　　　　　　（同上）

見るとおり「鏡の底」まである。先程，川端は芥川から学んだかと述べたが，川端は漱石の後輩でもあったから，なにも芥川経由で表現の秘鑰を学び取る必要はない。直接，漱石文学の宝庫に学んだものとしてもよいのであった。

漱石は生涯かけて，日本語に不足する語彙を補い，不自由な表現の技を自覚的に開発し続けた人であったが，「……底」という「共存制限破り」の技をどのようにして自家薬籠中のものにしたのであろうか。

6.「夜の底」の源流―シェークスピア―

漱石は，ロンドン留学中にシェークスピアを研究している。シェークスピアの作品には，この種の「……底」が豊富に存在するのである。

- the bottom of my soul（King Henry V）　　　　　　＊心の底

- the bottom of our fortunes（King Henry V）　　＊運命の底
- the bottom of my grief（Romeo and Juliet）　　＊悲しみの底
- the bottom of his succes（Alls Well That Ends Well）
　　　　　　　　　　　　　　　　　　　　　　　＊成功の底
- the bottom of your purpose（Alls Well That Ends Well）
　　　　　　　　　　　　　　　　　　　　　　　＊目的の底
- the bottom of news（Coriolanus）　　　　　　＊ニュースの底
- the bottom of your story（Pericles）　　　　　＊物語の底

　共存制限破りの「……底」という表現は，実は英語の「the bottom of」に由来するものであった。英語の「bottom」と日本語の「底」の意味的ズレが，漱石以下の「……底」という表現に違和感を生み出し，文学的香りの源泉となっていた。

　抽象的概念を主語とする擬人法，たとえば，「過去が彼を追い詰めた。」のような欧文直訳体の表現が日本語ではしばしば文学的文体の衣装となるように，この共存制限破りも文学的色調を帯びたものとして漱石は活用したのだと思われる。

　『雪國』の「夜の底」という表現の系譜をまとめておくと次のようになる。

　　　シェークスピア　→　漱石　→　芥川　→　川端

7. 藤沢周平の「……底」の例―時代小説の名手が残した謎―

　『漆の実の実る国』を遺作として，平成10年（1998）に逝去した，時代小説の名手，藤沢周平も「底」の共存制限破りの使い手であった。

　　竹二郎が行くところは，おたかがいるところしかなかった。子供のときからそうだった。その道は夜の底を縫って，ひと筋灰白く北にのびていたが，金ケ谷の方角の空は遥かで，深い闇だった。
　　　　　　　　　　　　　　　　　　（「恐喝」1973，『雪明かり』所収，1979）
　　天井に丸い輪を投げ上げている，行燈の光を眺めながら，龍雄はひと筋の涙が眼を溢れて，畳に落ちるのを感じたが，そのまま動かずにひっそりと深夜の底に息をした。
　　　　　　　　　　　　　　　（『檻車墨河を渡る』1975，『雲奔る　小説・雲井龍雄』1982）

町は灯火のいろも絶えて，白い月の光の下に睡(ねむ)りをむさぼっているように見えたが，その間にも世の動き，ひとの動きに眼を配って，わが身の優位をつかもうとする動きが，暗流のようにこの町の底を流れているということらしい。兼続(かねつぐ)の用心は当然だと思った。　　　　　　　　　（『密謀』1985）

　明治時代，夏目漱石がシェークスピアに学び，日本文学に取り入れた，「底」のないものに「底」を付けるという文学的技法は，上記のように平成の世まで，連綿として受け継がれている。

　と，ここまで書いてきたのだが，藤沢周平は著者に一つの，あらたなる謎を残してあの世に旅立ってしまった。藤沢の作品の一つに『一茶』（1978）という，俳人小林一茶を主人公とした伝記的小説がある。その作品において，一茶の次の句を掲げている。

　　　山寺や雪の底なる鐘の音

「雪の底」は，2節に掲げた『雪國』の⑨にある例と同じなのである。雪国に住む人々にとっては「雪の底」という表現はきわめて自然で，日常的表現なのだろうか。もし，そうだとすると，『雪國』の「雪の底」の例は，共存制限破りの例から除外しなければならない。

　著者の「底」に関しての考察は，いまだ未完成であることを告白してこの章を終わる。

■ 発展問題

(1) ① 「椅子の底」という表現があるとする。この場合，「底」とは，どの部分を指すのだろうか。椅子の絵を書き，底と思われる部分を矢印で示してみよう。
　② この作業を数人で行い，矢印の指す部分が一致するか否か確認してみよう。
　③ 一致しないとすれば，それは何を意味するのか話し合ってみよう。
　④ 「the bottom of the chair」の意味を英英辞典で調べてみよう。
　⑤ 日本語の「底」と英語の「bottom」の相違を調べてみよう。
　⑥ シェークスピアの用法は英語としても特殊なのかどうか調べてみよう。

(2) 次の表現はなぜおかしいか考えてみよう。

①　しとしとと風が吹く。
　　②　くれぐれも気を付けます。

(3)　松尾芭蕉『おくの細道』所収の俳句に，
　　　　行く春や鳥啼き魚の目は泪
　　という句がある。
　　①　この句における共存制限破りについて考えてみよう。
　　　　a　どの表現とどの表現が共存制限破りになっているか。
　　　　b　その共存制限破りはどのような効果を生んでいるか。
　　②　『おくの細道』の俳句から共存制限破りの例を収集してみよう。
　　　　a　閑さや岩にしみいる蝉の声
　　　　b　石山の石より白し秋の風
　　③　俳句における共存制限破りの例を収集してみよう。

(4)　詩人まど・みちおの「キリン」という詩における共存制限破りについて調べて
　　みよう。
　　①　共存制限破りを指摘する。
　　②　共存制限破りの効果を考える。
　　③　現代の詩における共存制限破りの例を収集する。

　　　　　　　　　キリン　　　　　　　　　まど・みちお

　　　　　　　キリンを　ごらん
　　　　　　　足が　あるくよ

　　　　　　　顔

　　　　　　　くびが　おしてゆく
　　　　　　　そらの　なかの
　　　　　　　顔

　　　　　　　キリンを　ごらん
　　　　　　　足が　あるくよ

(5)　①　小説の題である。共存制限破りを説明しなさい。
　　　　a　永遠なる序章（石川達三）

b　悲の器（高橋和巳）
　　　c　眼の壁（松本清張）
　　　d　輝ける闇（開高健）
　　　e　死者の奢り（大江健三郎）
　②　共存制限破りの題名を有する小説を収集し，それらの共通点について考えてみよう。

(6)　「おいしい生活」「横浜を食べよう。」「液晶世紀」などコマーシャル・広告・商品名などでは共存制限破りが多用される。例を収集し，普通の表現と比較してみよう。

■ 参考文献

1) 勝俣銓吉郎『新英和活用大辞典（Kenkyusha's New Dictionary of English Collocations）』（研究社，1939）
2) John Bertlett A. M.「A Complete Concordance of Shakespeare」（London, Macmillan & Co. LTD, 1953）
3) Zellig S. Harris「Co-occurrence and tranceformation in linguistic structure」（Language, Vol. 33, 3, 1957）
4) 池上嘉彦『意味論―意味構造の分析と記述―』（大修館書店，1975）
5) 柴谷方良・影山太郎・田守育啓『言語の構造―理論と分析―意味・統語篇』（くろしお出版，1982）
6) 池上嘉彦『ことばの詩学』（岩波書店，1982）
7) 池上嘉彦『記号論への招待』（岩波書店，1984）
8) 小池清治「川端康成と夏目漱石―表現の系譜・『青い海黒い海』『雪国』『伊豆の踊子』―」（川端文学研究会編『川端文学への視界　年報98』教育出版センター，1998）

第15章　孤独な魂は擬人法を好むか？

【文学と語学・レトリック】

キーワード：擬人法

1. 川端康成『伊豆の踊子』の擬人法

　擬人法は，比喩とともに新感覚派の文体を特徴づける代表的表現技法であり，『伊豆の踊子』にも卓抜な擬人法が多用されている。しかし，不思議なことに擬人法は前半（一と二）に現れ，後半（三から七まで）ではすっかり影を潜めてしまうのである。これは一体何を意味するのだろうか。表現の分量としては後半（三から七の終りまで）の方が多いので，一層気になる。次に，冒頭から二までに現れる擬人法の表現を列挙してみる。

① 　道がつづら折りになつて，いよいよ天城峠に近づいたと思ふ頃，雨脚が杉の密林を白く染めながら，すさまじい早さで麓から私を追つて来た。

② 　そのうちに大粒の雨が私を打ち始めた。

③ 　それが（踊子の髪型）が卵形の凛々しい顔を非常に小さく見せながらも，美しく調和してゐた。

④ 　しかし踊子たちが傍にゐなくなると，却つて私の空想は解き放たれたやうに生き生きと踊り始めた。

⑤ 　甚だしい軽蔑を含んだ婆さんの言葉が，それならば，踊子を今夜は私の部屋に泊らせるのだ，と思つた程私を煽り立てた。　　　　　（以上，一）

⑥ 　トンネルの出口から白塗りの柵に片側を縫はれた峠道が稲妻のやうに流れてゐた。

⑦ 　前の小川が見る見る黄色く濁つて音を高めた。

⑧ 　ととんとんとん，激しい雨の音の遠くに太鼓の響きが微かに生れた。

⑨ 雨風が 私の頭を叩いた。
⑩ 私は眼を閉ぢて耳を澄まし乍ら、太鼓が どこをどう歩いてここへ来るかを知らうとした。
⑪ 踊子の今夜が 汚れるであらうかと悩ましかつた。　　　　（以上、二）

　二重傍線部は動作主、主体であり、傍線部はその行為である。動作主は、「雨脚・大粒の雨・それ（踊子の髪型）・空想・婆さんの言葉・白塗りの柵・峠道・小川・太鼓の響き・雨風・太鼓・踊子の今夜」など、自然物や抽象名詞が多い。
　そのうち、⑤「婆さんの言葉が」は「婆さんが」に、⑪「踊子の今夜が」は「今夜の踊子が」と書き替えても、ほぼ同義となる。人間を主体にしても書けるところを、川端は意識的に擬人法で書いていると見なしてよいであらう。

2. 擬人法が姿を消す場所

　このように愛用された擬人法が姿を消す「三」の中心的な出来事は次のようなものである。
　「私」は「男」（栄吉）を誘って共同湯に向かう。

　　「向うのお湯にあいつらが来てゐます。ほれ、こちらを見つけたと見えて笑つてゐやがる。」
　　彼に指さされて、私は川向うの共同湯の方を見た。湯気の中に七八人の裸体がぼんやり浮かんでゐた。
　　仄暗い湯殿の奥から、突然裸の女が走り出して来たかと思ふと、脱衣場の突鼻に川岸へ飛び下りさうな恰好で立ち、両手を一ぱいに伸して何か叫んでゐる。手拭もない真裸だ。それが踊子だつた。若桐のやうに足のよく伸びた白い裸身を眺めて、私は清水を感じ、ほうつと深い息を吐いてから、ことこと笑つた。子供なんだ。私達を見つけた喜びで真裸のまま日の光の中に飛び出し、爪先で背一ぱいに伸び上がる程に子供なんだ。私は朗らかな喜びでことことと笑ひ続けた。頭が拭はれたやうに澄んで来た。微笑がいつまでもとまらなかつた。
　　踊子の髪が豊か過ぎるので、十七八に見えてゐたのだ。その上、娘盛りのやうに装はせてあるので、私はとんでもない思ひ違ひをしてゐたのだ。

(三)

『伊豆の踊子』のハイライトシーンの一つである。このあと，「私」と踊子の一行とは急速に親密度を加えて行く。

あたかも，「踊子」に対する認識の変化が擬人法に退場を迫ったかのように思われる。

3. 丸山健二『ぶっぽうそうの夜』の擬人法

『伊豆の踊子』の擬人法の偏った分布は長い間，小池にとって謎であった。それが，こうではないかと一つの考えに到達したのは，丸山健二『ぶっぽうそうの夜』(「新潮」1997年5月6月号)に接した時である。この小説は，擬人法が押しめきひしめきする不思議な小説なのである。

① 熱風が吹きまくっている。
  見渡す限り夏草が，身悶えしながらのたうち回っている。……満月の色，それはほとばしる狂気の赤だ。
② 郷里の山河を覆う夜が，くたびれ果てた私をさかんに威しつける。
③ 餓鬼岳は徒し世のただ中にあって，相変わらず悠々閑々と構えている。その傍観的態度が気にくわない。
④ 真っ赤に爛れた月が，弧線を描いて餓鬼岳の山頂をめざしている。
⑤ 正体不明の不安が私を羽交い絞めにする。
⑥ 風村は私のがたがたの心を無理やりこじあけようとはしない。
⑦ 風村はまだ死んではいない。
⑧ 風村は私を言いくるめようとする。
⑨ 郷里の水や空気や月光が，ともあれ私を生かしてくれている。
⑩ 向こう岸で私を待ち構えているのは，この上なく甘美な哀愁だろうか。

冒頭から8頁に観察される擬人法である。丸山健二は，あらゆる自然物を主体とした擬人法の演習をやると決意したかのように，見事な例を刻んでいく。

A 河川を主体とする擬人法
  ・奔流が私の勇気を鼓舞する。

3. 丸山健二『ぶっぽうそうの夜』の擬人法

・溺れ川がそっと囁く。
・底無し川は根深い恨みをせっせと押し流している。
・底無し川もまた，私に対して何の警戒心も抱いていない。
B 月，月光を主体とする擬人法
・そしてその月は，どこまでも私の後をついてくる。たのもしい限りだ。
・薄ら笑いを浮かべた月がわが生家を皓々と照らしている。
・岩頭に花筵を敷いて孤独な酒盛りに興ずる男を，傷心を抱いているのかいないのかさっぱりわからぬ男を，月は歯牙にも掛けない。
・月が私を唆す。
C その他
・どうやらこの家は私を拒んでいる。
　どの面下げて帰って来た，と声なき声で抗議している。
・横暴な夏空が，勢いに任せて暴論を吐いている。
・私は郷里の山河の温かいもてなしを受けている。
・風村の期待に応えてこの夏を存分に生きてやろう。
・墓地の辺りの鳥や虫が沈黙を守っている。
・浅薄な太陽が浅薄な男を焼き殺そうとしている。
・差し昇った朝日が，悶着の連続である浮世を何くわぬ顔で睥睨している。

　この小説に出てくる「私」は『伊豆の踊子』の私よりも孤独で，悲惨だ。両親はすでになく，弟は殺人容疑で指名手配中，妹は猟奇殺人の犠牲者，妻とは離別し，本人は老境にさしかかり死病と医者に宣告され，退職している。そして，退職金を腹巻きにしまいこんで，郷里風村に帰郷している。事件はそこで起こる。猟奇殺人の真犯人の究明，弟の冤罪の証明などがなされるのであるが，著者は，このとほうもない擬人法の連続技にまいってしまった。
　孤独な魂は擬人法を好む。
　『伊豆の踊子』と『ぶっぽうそうの夜』との共通点は人恋しさにある。考えてみると，「ぶっぽうそう」とは鳥の名だが，そこには「僧」という名の，餓鬼道に堕ちようとする男を救う，人間がひそんでいた。

4. 明恵上人歌集の「見立て」(擬人法)

丸山健二作『ぶっぽうそうの夜』で,「私」は月,月光を擬人法の主体として盛んに使用しているが,月,月光を人に見立てる技法は和歌の伝統にもあった。ここでは,『夢の記』の筆者としても著名な明恵上人(1173–1232)の和歌を紹介しておく。

> 中夜にいたりて出観ののち峯の房をいでて下房へ帰る時　月雲間よりいでて光雪にかかやく　狼の谷にほゆるも　月をともとして　いと恐ろしからず下房に入りて後　またたちいでたれ　月また曇りにけり　かくしつつ後夜の鐘の音聞こゆれば　また峯の房へのぼるに　月もまた雲よりいでて道を送る峯にいたりて　禅堂に入らむとする時　月また雲を追ひ来て　向の峯にかくれなむとするよそをひ人しれず　月の我に　伴ふかとみゆれば　　二首
>
> 　　雲をいでて　我に　ともなふ　冬の月
> 　　風やみにしむ　雪やつめたき
>
> 山のはに　かたふくを　みをきて　みねの禅堂に　いたる時
>
> 　　山のはに　われもいりなむ　月もいれ
> 　　よなよなごとに　また友とせむ

高僧の孤独を友として慰めたものは月であった。「孤独な魂は擬人法を好む」,これは古来よりの習わしであったものかもしれない。

5. 蟋蟀になった宇治の大君

紫式部は『源氏物語』「総角」の巻で秀逸といってよい擬人(物)法を用いている。

薫が念願の大君への思いを遂げるべく,大君,中君が友寝している寝所に忍び入る。大君は薫の侵入をいち早く察し,中君を薫に娶せようと一人抜け出してしまう。寝ている女が目指す大君ではないと気付いた薫は,中君と気まずい一夜を過ごす。それを大君は部屋の片隅で,明け方まで,まんじりともせず伺っていた。

秀逸な擬人法が使用されるのは,こういう事情のあった翌朝の描写においてである。

明けにける光につきてぞ，壁の中のきりぎりす這ひ出でたまへる。
　「たまへる」という敬語がされている以上，この「きりぎりす」はただの蟋蟀ではない。壁に這い付くようにしていた大君その人なのである。紫式部が大君を蟋蟀にしてしまったのはなぜなのだろう。
　大君は本人の意向を無視した女房たちの計らいにより，男女が結ばれるという結婚の実態を非人間的習わしとして拒絶してきた。近寄る薫を避けたのは，そういう日頃の考えを実行に移したに過ぎない。しかし，顧みてみれば，自らは難を避けたものの，置き去りにした中君に対して，自分は無神経な女房たち同然の仕打ちをしてしまった。この仕打ちが非人間的なもので，ひどいということは，引用文の直前の表現，「姫宮をつらしと思ひきこえたまふ。」という中君の姉大君（姫宮）を非難する心情の叙述で作者は明示している。
　大君は，自己の行為の非人間性に夜通し直面したのである。こういう大君を，紫式部は「きりぎりす」と描破した。「きりぎりす」は孤絶した魂を端的的確に表現した擬人（物）法であった。

6. 夏目漱石『虞美人草』の擬人法

　以上で，擬人法の一つの意味は著者なりに解決されたのだが，擬人法についての謎がもう一つある。漱石が『虞美人草』で多用している擬人法の意味である。これも，孤独の魂が選ばせたとしてよいものかどうかという疑問である。
　実例を示すことから始めよう。
① 　微茫なる春の空の，底迄も藍を漂はして，吹けば揺くかと怪しまるる程柔らかき中に吃然として，どうする気かと云はぬ許りに叡山が聳えてゐる。
② 　「恐ろしい頑固な山だなあ」
③ 　今度は叡山を軽蔑した様な事を云ふ。
④ 　天武天皇の落ち玉へる昔の儘に，棚引く霞は長しなへに八瀬の山里を封じて長閑である。
⑤ 　石はきりりと面を更へて，乗せた足をすはと云ふ間に二尺程滑らした。
⑥ 　急に折れた胸突坂が，下から来る人を天に誘ふ風情で帽に逼つて立つて居る。
⑦ 　右よりし左よりして，行く人を両手に遮ぎる杉の根は，土を穿ち石を裂

いて深く地磐に食ひ入るのみか，余る力に，跳ね返して暗き道を，二寸の高さに段々と横切つてゐる。　　　　　　　　　　　　　　　　（以上，一）

　『虞美人草』冒頭の第一節は「甲野さん」と「宗近君」の叡山登山の様子が叙述されている。二人の会話は闊達で楽しそうである。「孤独の魂」は存在しそうにないのだが，この節の最終センテンスに気になる表現がある。

　　山を下りて近江の野に入れば宗近君の世界である。高い，暗い，日のあたらぬ所から，うららかな春の世を，寄り付けぬ遠くに眺めて居るのが甲野さんの世界である。　　　　　　　　　　　　　　　　　　　　　　（一）

軽口を叩き合ってはいるが，宗近君と甲野さんとの心情は明と暗とに分断されていた。甲野さんの心情は暗く，世の中に疎外感を抱き，孤愁に沈んでいる。二人の会話が明るく闊達なだけ，甲野さんの暗い内面が一層強調されていると感じられる。

　『虞美人草』の語り手は全知視点で，登場人物の外側にいるのであるが，擬人法の多用から判断すると，重心は甲野さんに移っていると考えてよさそうだ。

　『虞美人草』の擬人法を上のようなものと解釈すれば，それは，『伊豆の踊子』『ぶっぽうそうの夜』と同種のものと判断され，疑問は解消される。しかし，ことはそれほど単純ではない。なぜかというと，擬人法は甲野さんを離れた場面においても活発に出現し，ほとんど全編にわたっているからである。以下，二節から十九節（最終節）までの擬人法の例を各一，二例示すことにする。

① 天地の眠れる中に，鮮やかに滴らしたるが如き女である。
② 七宝の夫婦釦が，きらりと顔を出してゐる。　　　　　（以上，二）
③ 黒い靴足袋が三分一裏返しに丸く蹲踞てゐる。
④ 練歯粉と白楊枝が御早ようと挨拶してゐる。　　　　　（以上，三）
⑤ 記憶の命を突き透すは要なしと云はんより寧無残である。
⑥ われは過去を棄てんとしつつあるに，過去はわれに近付いて来る。逼つて来る。　　　　　　　　　　　　　　　　　　　　　　　　（以上，四）
⑦ 山門を入る事一歩にして，古き世の緑りが，急に左右から肩を襲ふ。
⑧ 白い泡が一町ばかり，逆か落しに噛み合つて，谷を洩る微かな日影を万顆の珠と我勝に奪ひ合つてゐる。　　　　　　　　　　　　　（以上，五）

⑨　小野さんは過去に追ひ懸けられて，下宿の部屋のなかをぐるぐる廻つた。
⑩　過去と現在との調停を試みた。　　　　　　　　　　　（以上，六）
⑪　「どうだね」と折の蓋を取ると白い飯粒が裏へ着いてくる。なかには長芋の白茶に寐転んでゐる傍らに，一片の玉子焼きが黄色く圧し潰され様として，苦し紛れに首丈飯の境に突き込んでゐる。　　　　　　　　　　（七）
⑫　「悲劇は喜劇より偉大である。」
⑬　「始めて生の隣に死が住む事を知る。」　　　　（以上，十九）

　紙幅の関係で例示は以上にとどめる。
　⑫，⑬の例は，この作品の末尾となる甲野さんの日記の一節である。冒頭の擬人法が甲野さんの心情を反映したものとすれば，巻末に擬人法の愛好者が甲野さんであることは理解しやすい。基本的には，「孤独な魂が擬人法を選択する」という命題は，この作品でも証明されそうだ。
　漱石はこの小説を構想中に，たまたま夜店で「虞美人草」を求めている。作家は，それで，この小説のタイトルとしたと述べている。このような偶然性に基づくタイトル付けは『門』においてもうかがえるところで，たぶん信じてよいものだろう。
　そして，漱石はこの草花からタイトルばかりではなく，主題と中心レトリックを何にするかのヒントを得たものと思われる。
　主題は時代を越えた愛の実践者の過酷な運命とでもいえようか。ヒロイン藤尾は最初から死ぬ運命をほのめかされていた。虞美人の悲運，クレオパトラの自殺，藤尾は死ぬべく設定されている。
　また，「虞美人草」は「虞美人」（人間）「草」（自然物）の複合によって成立した言葉である。いわば，擬人法的名付けなのである。
　漱石は一鉢の草花を手に入れただけではなかった。小説のタイトルとヒロインの運命と，そして，作品の背景をなす言葉の彩りとしての擬人法とを手に入れたのである。
　③④⑪の例に見られる，過度とも思われる擬人法の使用は，「孤独な魂」のみでは説明できない。「新しい語彙と表現方法」の発明に腐心した漱石の覚悟の表れでもあったと考えられる。

■ 発展問題

(1) 百人一首の中で，擬人法が使用されている歌である。これらの擬人法について，以下の作業をしてみよう。
 a 天つ風雲の通ひ路吹きとぢよ乙女の姿しばしとどめん
（僧正遍昭・古今・雑上）
 b 小倉山峯の紅葉葉こころあらばいま一度の御幸待たなん
（貞信公・拾遺・秋）
 c 心あてに折らばや折らん初霜の置きまどはせる白菊の花 （躬恒・古今・秋下）
 d 諸共にあはれと思へ山桜花より他に知る人もなし
（大僧正行尊・金葉・雑上）
 e 嘆けとて月やは物を思はするかこち顔なるわが涙かな （西行・千載・恋五）
 f 花さそふ嵐の庭の雪ならでふり行く物はわが身なりけり
（公経・新勅撰・雑一）

① 擬人化されている物はなにか。
② a，b，cの共通点はなにか。
③ 擬人法を使用したことでどのような効果があげられているか考えてみよう。
④ bのような擬人法が，川端康成や夏目漱石の擬人法にあるかどうか確認してみよう。ないとすれば，それはどういうことを意味するか考えてみよう。
⑤ 古今和歌集の代表的技法に「見立て」という技法がある。「見立て」と「擬人法」との関係を考えてみよう。

(2) 童話や寓話では，動物が人間の言葉を使用することが多い。これらは擬人法とみなすことができる。具体的に例を集め，擬人法を使用する効果・意味について考えてみよう。

■ 参考文献

1) 佐藤信夫『レトリック感覚』（講談社，1978年）
2) 佐藤信夫『レトリック認識』（講談社，1981年）
3) 尼ケ崎彬『日本のレトリック』（ちくまライブラリィ，筑摩書房，1989）
4) 中村　明『日本語レトリックの体系』（岩波書店，1991）

索 引

【事　項】

あ　行

挨拶語　43
アスペクト　27, 28
当て字　125
　　──のレトリック　116

以前の「─た」　81
イントネーション　96, 99

迂言法　122
ウナギ文　43, 46

表裏型分布　102, 110

か　行

蓋然性の可能　32, 33
過去の「─た」　81
可能動詞　27, 32, 33
可能表現の形式　33
完了相　27
完了の「─た」　81, 82

擬人法　119, 136, 138, 140, 141
既然相　27
既知　89, 92
疑問符号　96
逆接の接続詞　71
共起制限　128
共存制限　128
共存制限破り　128
共通語の成立　102

偶然的必要条件　49, 57

ク活用形容詞　49, 51

経験相　27
継続相　27
形容詞の語順　49, 54
結果の存続相　27

呼応副詞　59, 62
誤字　125
　　──のレトリック　116
言葉読み　1, 8

さ　行

三位一体の技法　116, 119, 125

シク活用形容詞　49, 51
実現の「─た」　81, 82
始動相　27
終結相　27
周圏型分布　102, 110
終助詞「か」　96
主格　13, 16
主語　13, 15, 17, 21
主語廃止論　18
主語否定論　18
主題　13, 17
瞬間動詞　27
順接の接続詞　71
状況の可能　32, 33
状態動詞　27
状態の「─た」　81
状態の反復相　27
情態副詞　59, 61
常用漢字表　9
省略表現　43
進行相　27

心理的「しかし」　71, 72

静的文体　81, 82
全国共通語　108
選択制限　128

相　28
想起・命令・決意の「─た」　81
促音の表記法　7
存在詞による疑問文　44
存在詞文　43

た　行

対象語　13, 22
タイトル・主題・主要レトリック三位一体の技法　116
題目語　13, 17
タ形　27, 82
タ形叙述　81, 82

陳述副詞　59, 62

程度副詞　59, 61
テイル形　27

東西型分布　102, 110
動作動詞　27
動的文体　81, 82
特殊動詞　27

な　行

日本語の曖昧性　43

能力の可能　32, 33

は行

撥音の表記法　7
ハとガ　89
ハとガの規則Ⅰ　89, 93
ハとガの規則Ⅱ　90
ハとガの規則Ⅲ　91
反復の技法　116

必然的十分条件　49, 56
否定疑問文　43, 44, 46
標準語　108

ペリフラシス　122
変化動詞　27

ま行

未知　89, 92

文字読み　1, 8

ら行

ラ抜き言葉　32, 41

ル形　27, 82
ル形叙述　81, 82

論理的「しかし」　71, 72

欧文

co-occurrence　128
selectional restriction　128

【人名】

あ行

芥川龍之介　37, 61, 72, 75, 130
安達太郎　48
尼ケ崎彬　144

池上嘉彦　48, 135
石川達三　134
磯田　良　108
犬飼　隆　12
井上　優　48
井伏鱒二　102

上田代吉　107
内田百閒　94

大江健三郎　135
大島一郎　115
大槻文彦　15, 25, 108
大野　晋　93, 95
大野眞男　115
大和田建樹　108
丘浅次郎　108
岡田正美　107
奥津敬一郎　100
尾上圭介　26

か行

開高　健　135
海後宗臣　115
影山太郎　135
笠原箕二　107
春日政治　95
勝俣銓吉郎　135
柄沢　衛　70
川端康成　13, 128, 136

北原保雄　19, 25, 80, 115
紀　貫之　49
清原元輔　50
金田一春彦　12, 31, 81, 88

工藤真由美　31
久野　暲　20, 23, 25, 95
久野　眞　115
久野マリ子　115
熊倉千之　26

小池清治　12, 26, 31, 48, 58, 70, 95, 101, 127, 135
古座暁子　48
小林一茶　133
小林賢次　12, 58
小松寿雄　12, 97
小松英雄　32, 42
小矢野哲夫　42

さ行

佐伯哲夫　58
佐治圭三　101
佐藤喜代治　12
佐藤信夫　144
佐藤誠実　108
佐藤亮一　115

シェークスピア　132
志賀直哉　38, 67, 75, 78, 83, 89
柴田　武　12
柴谷方良　20, 135
島井　忱　108
島崎藤村　50

杉村孝夫　115

た行

高野辰之　107
高橋和巳　135
高橋太郎　88
田窪行則　26
武島又次郎　107
太宰　治　40, 67, 75, 79
田野村忠温　48, 101
田守育啓　135

寺村秀夫　25, 31, 81, 88

時枝誠記　18, 22, 25
徳川宗賢　115
徳田政信　25

な 行

仲　　新　115
中島　敦　82
中村　明　144
夏目漱石　34, 65, 75, 78, 85, 89, 94, 108, 116, 131, 141
仁田義雄　20, 100

野田尚史　95
野村雅昭　115

は 行

橋本進吉　18, 25
服部四郎　95
浜田　敦　12
林　　大　12
林　泰輔　107

平山輝雄　115

藤沢周平　132

保科孝一　107
細川英雄　12
堀井令以知　101

ま 行

益岡隆志　25
松下大三郎　17, 25, 92, 95
松村　明　95
松本清張　135
丸山健二　138

三上　章　14, 25
宮澤賢治　41
明恵上人　140
三好達治　93
三好　学　108

紫式部　53, 140

森　鷗外　33, 34, 65, 75, 77, 89
森田良行　80
森山卓郎　31, 48

や 行

柳田征司　12
山口明穂　99
山下　浩　125
山田孝雄　16, 25, 61, 101
山田麟太郎　107

吉岡郷甫　107
吉田澄夫　12

わ 行

若田部明　70
脇木鉄五郎　108
渡辺　実　100

欧 文

Bertlett, J. A. M.　135
Harris, Z. S.　135
Seidensticer, E. G.　14

【書 名】

あ 行

アスペクト・テンス体系とテクスト―現代日本語の時間の表現―　31
天草版伊曽保物語　5
天草版平家物語　5

意味論―意味構造の分析と記述―　135

江戸語東京語の研究　95

か 行

会社四季報　4
格助詞（日本語文法セルフ・マスターシリーズ3）　25
川端文学への視界（年報98）　135

記号論への招待　135

言語の構造―理論と分析―意味・統語篇　135
現代語法序説　19, 25
現代日本語のアスペクトとテンス　88
現代日本語の語順　58
現代日本語の文法Ⅰ　48
現代日本語文法入門　26, 31, 58, 70, 95, 101
現代日本語方言大辞典　4, 115

語彙と意味（岩波講座日本語9）　48
口語法　108
口語法別記　108
広辞苑　1
広日本文典　15, 25
広日本文典別記　16, 25
国語学研究事典　12

索引

国語学大辞典　12, 18, 100
国語学論集　12
国語法研究　25
国定読本用語総覧1　115
語誌Ⅲ（講座日本語の語彙11）
　　12
ことばの詩学　135

さ 行

シリウス総合英語　55
新英和活用大辞典　135
尋常小学国語読本の語法研究
　　95
尋常小学読本　103

接続詞・感動詞（品詞別日本文
　　法講座6）　80

漱石をよむ　127
象は鼻が長い　25
続・現代語法序説＝主語廃止論
　　25

た 行

第一期国定教科書　107
大辞泉　2
大辞林　2, 59

な 行

日本語（下）　88
日本語学キーワード事典　48,
　　12
日本語教育事典　100
日本語教育ハンドブック　100
日本国語大辞典　59
日本語条件表現史の研究　58
日本語動詞述語文の研究　31
日本語のアスペクト　31
日本語の音韻　12
日本語の焦点　19
日本語のシンタクスと意味Ⅰ
　　25, 31
日本語のシンタクスと意味　Ⅱ
　　25, 31, 88
日本語のシンタクスと意味Ⅲ
　　25, 31
日本語の文法（上）　88
日本語の文法（日本語の世界6）
　　80
日本語の文法を考える　93
日本語はいかにつくられたか？
　　127
日本語はどんな言語か　70
日本語はなぜ変化するか－母語
　　としての日本語の歴史－
　　32, 42
日本語百科大事典　12
日本語文法の焦点　25
日本語レトリックの体系　144
日本書紀　5
日本人の表現力と個性　26
日本の方言地図　115
日本のレトリック　144
日本文法学概論　16, 25
日本文法研究　23, 25, 95
日本文法口語篇　18, 22, 25
日本文法論　101
日本文法を考える　95
日本方言大辞典（上巻）　115

は 行

「は」と「が」　95
標準日本口語法　92
標準日本口語法（増補校訂）
　　25, 95
標準日本文法（改撰）　17

文学論　118
文の述べ方　48
文法Ⅰ（日本の言語学3）　95
文法大辞典　99

や 行

要説日本語の語順　58

ら 行

レトリック感覚　144
レトリック認識　144

欧　文

A Complete Concordance of
　　Shakespeare　135
Unicorn Grammar–Based
　　English Composition Ⅱ C
　　55

MEMO

MEMO

著者略歴

小池清治(こいけせいじ)

1941年　東京都に生まれる
1971年　東京教育大学大学院博士課程単位修得退学
1971年　フェリス女学院大学専任講師
1976年　宇都宮大学教育学部助教授
現　在　宇都宮大学国際学部教授

シリーズ〈日本語探究法〉1
現代日本語探究法　　　　　定価はカバーに表示

2001年10月15日　初版第1刷
2005年 9月30日　　　第4刷

著　者　小　池　清　治
発行者　朝　倉　邦　造
発行所　株式会社　朝　倉　書　店
　　　　東京都新宿区新小川町6-29
　　　　郵便番号　162-8707
　　　　電　話　03(3260)0141
　　　　FAX　03(3260)0180
　　　　http://www.asakura.co.jp

〈検印省略〉

© 2001〈無断複写・転載を禁ず〉

教文堂・渡辺製本
Printed in Japan

ISBN 4-254-51501-4　C 3381

宇都宮大 小池清治・京都女大 小林賢次・早大 細川英雄・
十文字女短大 山口佳也編

日本語表現・文型事典

51024-1　C3581　　　Ａ５判　520頁　本体16000円

本事典は日本語における各種表現をとりあげ，それらの表現に多用される単語をキーワードとして提示し，かつ，それらの表現について記述する際に必要な術語キーワードとして示した後，おもにその表現を特徴づける文型を中心に解説。日本語には文生成に役立つ有効な文法が存在しないと指摘されて久しい。本書は日本語の文法の枠組み，核心を提示しようとするものである。学部学生(留学生を含む)，院生，国語・日本語教育従事者および研究者のための必携書

日本国語教育学会編

国　語　教　育　辞　典

51023-3　C3581　　　Ａ５判　496頁　本体16500円

国語教育に関係する主要な約400語を選択し，各項目をページ単位で解説した辞典。教育課程，話すこと・聞くこと，書くこと，読むこと，言語事項・書写，学力・指導と評価・教材，歴史・思潮，関連諸科学，諸外国の言語教育の9分野から項目を選択し，国語教育の現場に立ち，学生に日常的に接する立場の小中高校を中心とする国語教師が実践的に使用できるように解説を配慮。各項目には参考文献を必ず載せるとともに，付録として小中高校の学習指導要領，国語教育略年表を掲載

西尾　実・倉澤栄吉・滑川道夫・
飛田多喜雄・増淵恒吉編

国　語　教　育　辞　典（復刻版）

51025-X　C3581　　　Ａ５判　754頁　本体16000円

1956(昭和31)年に刊行された辞典の復刻版。近代教育の一環として西洋の言語教育の影響下に発達してきた国語教育が，第２次世界大戦後にアメリカの言語教育の圧倒的な影響を受けつつ再度脱皮をしようとした時期に日本最初に刊行された，国語教育に関する小項目主義の百科事書的な辞典。国語教育に限定されない幅広い項目選択と執筆陣による本書は，当時の教育思潮を窺ううえでの基礎資料であるとともに，現在の国語教育が立ち戻るべき基本的な指導書でもある

学習院大 中島平三編

言　語　の　事　典

51026-8　C3581　　　Ｂ５判　760頁　本体28000円

言語の研究は，ここ半世紀の間に大きな発展を遂げてきた。言語学の中核的な領域である音や意味，文法の研究の深化ばかりでなく，周辺領域にも射程が拡張され，様々な領域で言語の学際的な研究が盛んになってきている。一方で研究は高度な専門化と多岐な細分化の方向に進んでおり，本事典ではこれらの状況をふまえ全領域を鳥瞰し理解が深められる内容とした。各章でこれまでの研究成果と関連領域の知見を紹介すると共に，その魅力を図表を用いて平明に興味深く解説した必読書

前東北大 佐藤武義編著

概説 現代日本のことば

51027-6　C3081　　　Ａ５判　180頁　本体2800円

現代日本語は，欧米文明の受容に伴い，明治以降，語彙を中心に大きな変貌を遂げてきた。本書は現在までのことばの成長過程を概観する平易なテキストである。〔内容〕総説／和語／漢語／新漢語／外来語／漢字／辞書／方言／文体／現代語年表

前筑波大 北原保雄編著

概説　日　　　本　　　語

51017-9　C3081　　　Ａ５判　184頁　本体2700円

美しく豊かな日本語を今一度見つめ直し正しく学べるよう，著者らの熱意あふれる筆致でわかりやすく解説した大学，短大向け好テキスト。〔内容〕総論／音声・音韻／文字・表記／語彙／文法／敬語／文章・文体／共通語・方言／言語生活

前筑波大 北原保雄監修　大東文化大 早田輝洋編 朝倉日本語講座1 **世界の中の日本語** 51511-1　C3381　　A5判 256頁　本体4500円	〔内容〕諸言語の音韻と日本語の音韻／諸言語の語彙・意味と日本語の語彙・意味／日本語の文構造／諸言語の文字と日本語の文字／諸言語の敬語と日本語の敬語／世界の方言と日本語の方言／日本語の系統／日本語教育／他
前筑波大 北原保雄監修　筑波大 林　史典編 朝倉日本語講座2 **文　字　・　書　記** 51512-X　C3381　　A5判 264頁　本体4500円	〔内容〕日本語の文字と書記／現代日本語の文字と書記法／漢字の日本語への適応／表意文字から表音文字へ／書記法の発達(1)(2)／仮名遣いの発生と歴史／漢字音と日本語(呉音系，漢音系，唐音系字音)／国字問題と文字・書記の教育／他
前筑波大 北原保雄監修　東大 上野善道編 朝倉日本語講座3 **音　声　・　音　韻** 51513-8　C3381　　A5判 304頁　本体4600円	〔内容〕(現代日本語の)音声／(現代日本語の)音韻とその機能／音韻史／アクセントの体系と仕組み／アクセントの変遷／イントネーション／音韻を計る／音声現象の多様性／音声の生理／音声の物理／海外の音韻理論／音韻研究の動向と展望／他
前筑波大 北原保雄監修　東北大 斎藤倫明編 朝倉日本語講座4 **語　彙　・　意　味** 51514-6　C3381　　A5判 304頁　本体4400円	語彙・意味についての諸論を展開し最新の研究成果を平易に論述。〔内容〕語彙研究の展開／語彙の量的性格／意味体系／語種／語構成／位相と位相語／語義の構造／語彙と文法／語彙と文章／対照語彙論／語彙史／語彙研究史
前筑波大 北原保雄監修・編 朝倉日本語講座5 **文　　法　　Ⅰ** 51515-4　C3381　　A5判 288頁　本体4200円	〔内容〕文法について／文の構造／名詞句の格と副／副詞の機能／連体修飾の構造／名詞句の諸相／話法における主観表現／否定のスコープと量化／日本語の複文／普遍文法と日本語／句構造文法理論と日本語／認知言語学からみた日本語研究
前筑波大 北原保雄監修　東大 尾上圭介編 朝倉日本語講座6 **文　　法　　Ⅱ** 51516-2　C3381　　A5判 320頁　本体4600円	〔内容〕文法と意味の関係／文法と意味／述語の形態と意味／受身・自発・可能・尊敬／使役表現／テンス・アスペクトを文法史的にみる／現代語のテンス・アスペクト／モダリティの歴史／現代語のモダリティ／述語をめぐる文法と意味／他
前筑波大 北原保雄監修　早大 佐久間まゆみ編 朝倉日本語講座7 **文　章　・　談　話** 51517-0　C3381　　A5判 320頁　本体4600円	最新の研究成果に基づく高度な内容を平易に論述した本格的な日本語講座。〔内容〕文章を生み出す仕組み／文章の働き／文章・談話の定義と分類／文章・談話の重層性／文章・談話における語彙の意味／文章・談話における連文の意義／他
前筑波大 北原保雄監修　東大 菊地康人編 朝倉日本語講座8 **敬　　　　　　　　語** 51518-9　C3381　　A5判 304頁　本体4600円	〔内容〕敬語とその主な研究テーマ／狭い意味での敬語と広い意味での敬語／テキスト・ディスコースを敬語から見る／「表現行為」の観点から見た敬語／敬語の現在を読む／敬語の社会差・地域差と対人コミュニケーションの言語の諸問題／他
前筑波大 北原保雄監修　日大 荻野綱男編 朝倉日本語講座9 **言　語　行　動** 51519-7　C3381　　A5判 280頁　本体4500円	〔内容〕日本人の言語行動の過去と未来／日本人の言語行動の実態／学校での言語行動／近隣社会の言語行動／地域社会と敬語表現の使い分け行動／方言と共通語の使い分け／日本語と外国語の使い分け／外国人とのコミュニケーション／他
前筑波大 北原保雄監修　広島大 江端義夫編 朝倉日本語講座10 **方　　　　　　　　言** 51520-0　C3381　　A5判 280頁　本体4200円	方言の全体像を解明し研究成果を論述。〔内容〕方言の実態と原理／方言の音韻／方言のアクセント／方言の文法／方言の語彙と比喩／方言，会話／全国方言の分布／東西方言の接点／琉球方言／方言の習得と共通語の獲得／方言の歴史／他

シリーズ〈日本語探究法〉

宇都宮大学 小池清治 編集
A5判 全10巻

基礎から卒業論文作成までをわかりやすく解説した国語学・日本語学の新しい教科書シリーズ。日本語に関する基礎および最新の知識を提供するとともに，その探究方法についての指針を具体的事例研究を通して提示した。

第1巻　**現代日本語探究法**　160頁
　　　　宇都宮大学　小池清治　著

第2巻　**文法探究法**　168頁　本体2800円
　　　　宇都宮大学　小池清治・赤羽根義章　著

第3巻　**音声・音韻探究法**　176頁　本体2800円
　　　　筑波大学　湯沢質幸・広島大学　松﨑　寬　著

第4巻　**語彙探究法**　192頁　本体2800円
　　　　宇都宮大学　小池清治・島根県立島根女子短期大学　河原修一　著

第5巻　**文字・表記探究法**　164頁　本体2800円
　　　　愛知県立大学　犬飼　隆　著

第6巻　**文体探究法**
　　　　宇都宮大学　小池清治・鈴木啓子・松井貴子　著

第7巻　**レトリック探究法**　168頁　本体2800円
　　　　広島大学　柳澤浩哉・群馬大学　中村敦雄・宇都宮大学　香西秀信　著

第8巻　**日本語史探究法**　162頁　本体2800円
　　　　東京都立大学　小林賢次・相模女子大学　梅林博人　著

第9巻　**方言探究法**　144頁　本体2800円
　　　　前鳥取大学　森下喜一・岩手大学　大野眞男　著

第10巻　**日本語教育探究法**
　　　　山口大学　氏家洋子・恵泉女子大学　秋元美晴　著

上記価格（税別）は2005年8月現在